AF501794

LE

TRIDUUM SOLENNEL

EN L'HONNEUR

DU BIENHEUREUX CHANEL

A LA CATHÉDRALE DE SAINT-BRIEUC

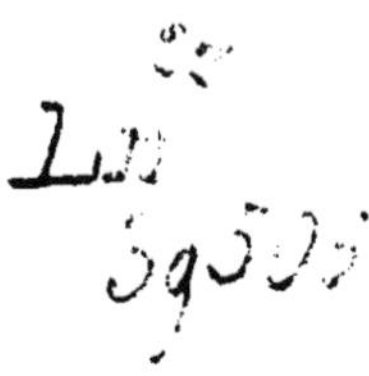

LE

TRIDUUM SOLENNEL

EN L'HONNEUR

DU BIENHEUREUX CHANEL

A la Cathédrale de Saint-Brieuc

Depuis de longues années, Saint-Brieuc n'avait pas vu une manifestation plus triomphale de foi religieuse. Ce Triduum solennel, préparé par une Lettre pastorale de Monseigneur l'Evêque au clergé et aux fidèles de son diocèse, par les prières de toutes les âmes pieuses et le zèle des Pères Maristes pour la décoration de notre vieille Cathédrale, a dépassé toutes les espérances (1). Si la pensée se

(1) Comment louer le zèle et le bon goût des décorateurs de notre Cathédrale ? Le succès de ces fêtes n'est-il pas leur meilleure louange ? Il faudrait dire l'ardeur toute fraternelle des Pères Maristes pour la gloire du Bienheureux Chanel, le concours précieux de la vieille expé-

reportait instinctivement vers cette gracieuse chapelle du Rocher-Martin, fermée par la persécution, où le Bienheureux Chanel eût été célébré dans sa famille religieuse, elle ne pouvait s'empêcher de prévoir dans l'avenir l'aurore d'une liberté plus large, à voir la foule se presser nombreuse autour des reliques et de la statue du Martyr. Clovis, entrant dans la Cathédrale de Reims, ébloui par la splendeur des cérémonies liturgiques, demandait avec une naïve curiosité à l'Evêque, saint Remi, si c'était là le ciel qu'on lui avait promis. C'est qu'en effet ces solennités triomphales de notre religion sont l'expression de l'indéfectible espérance de l'âme chrétienne dans les délices de l'éternité, et lui donnent un avant-goût de ce bonheur ineffable qui ne finira jamais. Au milieu de toutes ces splendeurs, plus d'une âme pieuse eût volontiers demandé, comme le néophyte Clovis, si c'était là le ciel qu'on lui avait promis, et ce cri du cœur a trouvé son expression sur les lèvres d'une humble paysanne. Un soir, comme on la pressait de quitter l'enceinte de la Cathédrale, déjà

rience de M. Lescand, prêtre custode, vicaire du Chapitre, la bienveillante bonté de M. l'Archiprêtre, le zèle actif des pieuses dames de la ville et en particulier de celles qui ont veillé à l'ornementation des autels ; il faudrait même aller au pied du trône de Notre-Dame de Bon Secours, à Guingamp, pour y chercher le secret d'une coopération sympathique qui n'a pas redouté les distances. N'est-on pas à Guingamp de la famille de Marie ?

évacuée par la foule, cette âme simple répondit dans sa touchante naïveté : « De grâce, laissez-« moi ici, j'ai déjà essayé de sortir, mais je suis « rentrée bien vite et je ne puis me résoudre à « partir ». C'était aussi le sentiment de ces multitudes qui ne s'ébranlaient, chaque soir, qu'après le dernier son de l'orgue et le départ du cortège épiscopal.

Oui ! l'Eglise a bien fait de prodiguer son luxe d'or, de lumières, d'oriflammes, d'images et de draperies pour le triomphe de son martyr Pierre-Louis-Marie Chanel, prêtre de la Société de Marie, apôtre de l'Océanie.

L'appel du premier Pasteur a été entendu : « La « Société de Marie a rendu trop de services à « notre diocèse pour que nous demeurions étran-« gers aux joies saintes que lui a procurées la « béatification de l'un de ses fils, martyrisé pour la « foi, dans l'île de Futuna, le 28 avril 1841 (1) ». Prêtres et fidèles sont accourus en foule à ces solennités, guidés par les plus doux sentiments du cœur de l'homme : la piété et la reconnaissance.

Du reste, n'est-il pas vraiment nôtre, ce triomphateur d'aujourd'hui ? Le plus ardent zélateur de

(1) Ce sont les premières lignes de la *Lettre Pastorale de Monseigneur l'Evêque de Saint-Brieuc et Tréguier* au Clergé et aux fidèles de son Diocèse, à l'occasion de la Béatification de Pierre-Louis-Marie Chanel, prêtre de la Société de Marie, donnée à Saint-Brieuc, le samedi 1er novembre 1890, en la Fête de tous les Saints.

sa cause, bientôt son postulateur en cour de Rome n'a-t-il pas été ce bon Père Nicolet, supérieur du Grand Séminaire de Saint-Brieuc, pendant près de 28 années ; et les prières des séminaristes, si ferventes et si ardentes, n'ont-elles pas été l'un des éléments les plus puissants de cette force immense et surnaturelle qui aplanissait toutes les voies pour la marche rapide du procès.

Dès le seuil du temple, l'Eglise célèbre la mission du Bienheureux et glorifie son sacrifice. Entre deux arcades du porche, deux tableaux représentent l'apostolat et le martyre, le missionnaire enseignant les malheureux sauvages, barbares et ignorants, puis mourant sous les coups de ces infidèles, égarés par la haine : ébauches rapides où le talent de l'artiste a gravé sa meilleure marque, l'accent de la vérité ; peintures naïves et parlantes que le peuple se plaît à admirer comme l'expression la plus vive et la plus saisissante de l'œuvre du missionnaire et du couronnement de sa vie. La vérité se présente d'abord avec le charme qui lui est inhérent et qui frappe tout d'abord ces âmes incultes ; mais elle n'a pas seulement des principes séduisants par leur beauté naturelle ou surnaturelle, elle a aussi des conclusions pratiques qui heurtent et violentent les mauvais instincts de la nature. Alors les passions se révoltent ; elles se dressent contre la vérité, elles tentent de l'étouffer à tout prix : l'heure du martyre a sonné pour l'apôtre (1).

Cet enseignement du porche n'est encore qu'un préambule ; car le martyre, comme la mort, n'est pas une fin, il est un commencement. Le long des arcades de la nef, dessinées par les guirlandes de verdures et de roses symboliques (2), et décorées d'oriflammes de pourpre et d'or, les médaillons des Evêques missionnaires de la Société de Marie rappellent que le martyre du Père Chanel, plus puissant encore que sa parole et que ses exemples, a inauguré une ère féconde d'activité et de prospérité pour les missions de l'Océanie. Le sang de l'apôtre est devenu une semence de chrétiens : c'est là le premier fruit du martyre, c'est là sa glorification terrestre, sa divine justification.

(1) Une sympathique artiste de Guingamp, dont la modestie nous oblige à taire le nom, a bien voulu tenter le véritable tour de force de brosser en quelques jours ces deux tableaux du porche. L'attrait de la foule, qui stationnait sans cesse devant ces deux scènes de l'évangélisation et de la mort du Père Chanel, et l'édification qu'elle y puisait, montrent une fois de plus l'utilité de ces peintures populaires que nos grands missionnaires bretons, Michel Le Nobletz, le Père Maunoir et Vincent de Meur employaient avec tant de succès au XVIIe siècle.

(2) Plusieurs milliers de roses rouges animaient les vertes guirlandes et les tapis de mousse qui ornaient la nef et le chœur. Dans quel parterre ont-elles fleuri, toutes empourprées du sang du martyr ? Quelles mains pieuses les ont cueillies ? Il faudrait, pour répondre à ces deux questions, trahir trop de noms et dévoiler trop de dévouements. Il nous suffit de savoir que c'est le soleil du bon Dieu qui les a fait épanouir dans le jardin de Marie.

Les noms de ces évêques missionnaires, dont les écussons ornent la nef et la chapelle du Bienheureux, résument l'histoire de la foi, de ses progrès et de ses triomphes dans la Nouvelle-Calédonie, la Mélanésie, la Micronésie, l'Océanie Centrale et la Nouvelle-Zélande. Frères du Bienheureux par les liens de la Religion, ils ont puisé ou puisent encore, dans les mêmes règles, au même foyer, la flamme sacrée de l'apostolat. Fils de Marie comme lui, ils ont su ou savent aussi comme lui faire connaître et aimer Jésus. Le premier vicaire apostolique de la Nouvelle-Calédonie fut Monseigneur Douarre, évêque d'Amata. Avec lui partit un modeste Frère coadjuteur, le Frère Blaise Marmotton, dont le Père Nicolet travaille à introduire la cause en cour de Rome. Humble entre les humbles, il est mort comme le Père Chanel pour la foi. Puisse-t-il un jour recevoir les mêmes honneurs ! Monseigneur Ferdinand Vitte, évêque d'Anastasiopolis, fut le deuxième vicaire apostolique de la Nouvelle-Calédonie, et son successeur, Monseigneur Fraysse, évêque d'Abila, est devenu en même temps premier vicaire apostolique des Nouvelles-Hébrides. Relevons aussi les écussons de Monseigneur Epalle, évêque de Sion, premier vicaire apostolique de la Mélanésie, tombé sous le casse-tête des sauvages, ainsi que deux Pères et un Frère coadjuteur, victimes de la passion anthropophagique des barbares qu'ils venaient évangéliser ; de Monseigneur Collomb, évêque d'Antiphelles, successeur du précédent. A la suite, les armes des quatre Evêques Maristes de l'Océanie Occidentale et de la Nouvelle-Zélande concourent également à l'ornementation de la nef. Citons rapidement les noms de ces vaillants imitateurs du Bienheureux : Monseigneur Vidal, évêque d'Abydos, premier vicaire apostolique des îles Viti ou Fidji ; Monseigneur Viard, évêque de Wellington (Nouvelle-Zélande), dont le siège fut érigé en archevêché en 1885 pour Monseigneur Redwood ; Monseigneur Grimes, évêque de Christchurch (Nouvelle-Zélande), qui est venu au milieu de nous partager notre joie et augmenter par sa présence la splendeur des cérémonies religieuses. La chapelle du Bienheureux était ornée des écussons des Evêques Maristes qui ont milité, ou militent encore dans la région de l'Océanie Centrale, arrosée du sang du martyr : Monseigneur Pierre Bataillon, évêque d'Enos, premier vicaire apostolique de l'Océanie Centrale ; Monseigneur Louis Elloy, évêque de Tipaza, son successeur, qui fut en même temps premier vicaire apostolique de l'Archipel des Navigateurs ; enfin Monseigneur Amand Lamaze, évêque d'Olympe.

Parallèlement à ces souvenirs des fruits apostoliques du martyre, les oriflammes rouges qui flottent à chaque colonne rappellent par leurs dates et leurs devises tous les traits principaux de cette vie cachée et maintenant glorifiée, l'histoire des miséricordes de Jésus à l'égard de ce fils bien-aimé de sa sainte Mère. Dès sa naissance, Dieu le prédestine, 1803 : *Prævenisti eum Domine.* Futur pasteur des âmes, il passe les premières années de son enfance à garder les troupeaux de son père, 1812 : *Parvulus pascit oves.* Notre-Seigneur prend possession de cette âme destinée à le faire connaître, à répandre son nom et sa loi sainte à travers les nations endormies à l'ombre de la mort, 1817 : *Vivit vero in me Christus.* Appelé à devenir un autre Christ, il n'hésite pas et suit généreusement l'appel de la vocation, 1827 : *Suscitabo sacerdotem fidelem.* Le pasteur des troupeaux devient donc le pasteur des âmes ; le petit pâtre est nommé curé, 1828 : *Ego sum pastor bonus.* Cela ne lui suffit pas, son âme a soif de perfection ; il fait profession dans la jeune et fervente Société de Marie, 1836 : *Ecce reliquimus omnia.* Il lui faut plus encore, il soupire après les sacrifices de l'apostolat ; l'heure de la grâce a sonné pour l'Océanie infidèle, 1836 : *Expectant me insulæ.* Il arrive, il prêche la bonne nouvelle ; réjouissez-vous, îles malheureuses, 1837 : *Lætentur insulæ multæ.* L'enfer frémit, il sent sa proie lui échapper, il suscite les jalousies des grands, 1840 : *Principes persecuti sunt me.* Les basses passions de ces barbares éclatent ; la vérité leur fait peur ; ils veulent étouffer la vérité ; l'apôtre va devenir martyr, 1841 : *Animam dat pro ovibus*. Il est mort, la terre tremble, mais le ciel est dans la joie ; l'Eglise veut s'associer à ces triomphes célestes, le Père Chanel est déclaré Vénérable, 1857 : *Honorificati sunt amici tui, Deus*. Les années s'écoulent, les prières se font plus ferventes, l'Eglise parle, il est Bienheureux, 1889 : *Posuisti in capite coronam*.

C'est qu'en effet une gloire suprême attend l'âme chrétienne et sacerdotale qui a donné à Jésus-Christ le témoignage le plus puissant, le plus éloquent et le plus convaincant, le témoignage du sang ; c'est la gloire du ciel, représentée par cette merveilleuse apothéose du bienheureux Chanel, dans la toile qui apparaît, dès le bas de la nef, comme le couronnement et le dernier mot de cette splendide ornementation (1). Entre les messagers des minis-

(1) Ce tableau, fait à Paris sur le modèle de celui de Rome, est du plus puissant effet. Il a fait naître dans tous les cœurs les salutaires émotions de ceux qui eurent le bonheur d'assister au premier *Te Deum* chanté en l'honneur du Bienheureux. Le jour de la béatification, dans la loggia de Saint-Pierre, au-dessus de l'autel, au milieu d'une gloire toute brillante de la clarté des cierges, un cadre ovale restait sombre. A l'Evangile de la messe solennelle, le Secrétaire de la Congrégation des Rites commença la lecture du décret pontifical. Aussitôt après, le célébrant entonna le *Te Deum*, le voile qui recouvrait le tableau tomba subitement et le visage du Père Chanel apparut aux regards émerveillés des fidèles, ceint de l'auréole des Bienheureux, comme si le ciel s'était ouvert tout à coup à leurs yeux.

tères terrestres et ceux des ministères célestes ; entre les anges qui s'élèvent de la terre pour porter jusqu'à Dieu les insignes du martyre, et les anges qui descendent des cieux pour apporter la couronne et la palme de la victoire, le Bienheureux apparaît triomphant, non moins glorifié par les insignes de ses souffrances que par les trophées de sa gloire.

Au milieu de ces splendeurs, il y a un petit coin de prédilection, une chapelle où la foule plus compacte se montre aussi plus fervente, la chapelle de l'Annonciation, transformée en sanctuaire du Bienheureux. Sur un trône, parmi les fleurs et les lumières, rayonne l'image souriante de Marie, la reine des martyrs, se détachant sur un manteau d'azur ; à ses pieds, une statue vivante et parlante, Pierre-Louis-Marie Chanel, expirant sous les coups des sauvages, tandis que sa figure expressive dit à elle seule qu'il meurt pour une cause sacrée; à côté, quelques parcelles précieuses de ses os brisés par le casse-tête des barbares, restes glorieux que les fidèles ne se lassent pas de baiser et de contempler.

Vendredi soir, à 7 heures un quart, la cérémonie d'ouverture commence. L'illumination est déjà dans tout son éclat, le chœur surtout est tout brillant de la clarté des cierges, la nef, ornée de lustres et d'étoiles de verre rouges. La procession commence, deux évêques la président : Monseigneur Fallières et Monseigneur Grimes, évêque de Christ-Church

(Nouvelle-Zélande) (1). Le clergé est nombreux; il est venu de tous les points de la ville et des environs ; il s'égrène le long d'un sentier sinueux, ouvert à grand peine dans la foule compacte. Monseigneur Fallières bénit la statue du Bienheureux : cette première bénédiction est un gage des grâces que Dieu se plaira à répandre sur les âmes qui prient avec tant de ferveur devant cette image vivante de la souffrance, acceptée avec sérénité, pour l'amour et la gloire de Jésus-Christ.

M. l'abbé Daniel, archiprêtre de Dinan, monte en chaire. La foule est attentive; le silence et l'immobilité de son immense auditoire témoignent à l'orateur que sa parole captive tous les esprits. Il montre dans le Bienheureux la copie du divin modèle. Nous entendrons sans redites ce thème inépuisable, repris sous une forme nouvelle par Monseigneur Rumeau, protonotaire apostolique, vicaire général d'Agen. La phrase de M. l'archiprêtre de Dinan, marquée au coin d'une élégante pureté, a de merveilleuses séductions dans les tableaux de l'appel de Dieu éveillant à la pensée

(1) Mgr Grimes, évêque de Christ-Church n'a fait que passer dans notre ville. Sa distinction, sa parole toujours gracieuse, la douce bonté qui rayonnait sur sa physionomie, ont charmé tous ceux qui ont eu le bonheur de l'approcher ; malheureusement pour nous, un autre triduum solennel, en l'honneur du P. Chanel, l'appelait à Chartres, au milieu des plus anciens souvenirs de la dévotion à Marie dans les Gaules, et il est parti dès le second jour.

du sacrifice l'âme du jeune berger, ou encore de la solitude et de l'inaction forcée du missionnaire sur cette île de Futuna, où vient de le laisser, avec un Frère coadjuteur, le vaisseau qui emporte ses frères vers des rivages non moins infortunés.

Après cette parole, qui, des hauteurs les plus sublimes de la théologie, redescend sans effort aux peintures les plus expressives de la poésie, l'auditoire va entendre un autre langage. Laissons parler le libretto de l'Oratorio-Cantate, composé par le R. P. Garin. Nous n'aurons que deux extraits, deux chapitres de cette vie écrite en musique avec une puissante vérité, de ce poème, où, sur le thème d'une mélodie qui prend toutes les expressions de la joie et de la tristesse pour suivre son héros, l'artiste a brodé tout un récit musical en solis, en chœurs ou en récitatifs, parfois même en tristes mélopées au rhythme primitif.

Le samedi et le dimanche surtout, l'impression produite par cet Oratorio a été hors de pair. Les solos et les chœurs, exécutés avec fermeté et précision, ont manifesté, dans toute sa beauté religieuse, la vérité de sentiments de cette magistrale composition. Notre grand artiste briochin, M. Charles Collin, a tiré un parti merveilleux de son orgue pour suppléer à l'absence d'un orchestre et en rendre tous les effets.

LE DÉPART POUR L'OCÉANIE

L'orgue, en manière de prélude, fait d'abord entendre quelques notes pastorales, MÉLODIE TYPIQUE *destinée dans le cours de l'œuvre à rappeler l'enfance du Bienheureux et le souvenir du pays natal... L'orgue exprime ensuite le déchirement de cœur qu'éprouva l'Apôtre avec ses compagnons au moment de quitter pour toujours le sol de la patrie.*

L'APOSTOLAT

Récit des travaux des missionnaires. Chœur célébrant les grandeurs de leur apostolat.

CORYPHÉE

Ils sont partis et leur œuvre commence.
Semblables au divin semeur,
Partout sur leur chemin ils jettent la semence ;
Sur des flots inconnus ils portent leur ardeur.

CHŒUR

Et l'Océan immense est moins grand que leur cœur.

Reprise de la MÉLODIE TYPIQUE. *Prière du Bienheureux Père Chanel demandant la conversion de son peuple ou la grâce du martyre.*

Maître des cœurs, grand Dieu, je t'en supplie,
Entends ma voix, exauce enfin mes vœux,
D'un peuple aimé, Seigneur, ouvre les yeux...
Donne-le moi ce peuple ou prends ma vie.

Cette prière est reprise en chœur par les Catéchumènes

pour demander à Dieu que leur Père aimé vive longtemps parmi eux, afin de les instruire et de les bénir.

Maître des cœurs, le Père t'en supplie,
De ses enfants, ah ! daigne ouvrir les yeux ;
Que parmi nous il soit longtemps heureux !
Pour nous bénir, dans son île chérie !

LE MARTYRE

ORGUE

MARCHE FUTUNIENNE *exprimant la sombre fureur des sauvages. — Cris sinistres. — Les meurtriers marchent d'abord sans bruit vers la case du missionnaire. — Leur audace augmente. — Halte avant la consommation du crime. — Nouveaux cris sinistres. — Entrée tumultueuse dans la case. — Martyre. — Silence funèbre. — Joie féroce mêlée de quelques accents de remords et de crainte. — Les meurtriers s'éloignent.*

LAMENTO

L'orgue fait entendre des accents douloureux. — Quelques femmes viennent courageusement ensevelir le martyr et pleurer sa mort.

O cruelle douleur ! ô fureur sanguinaire !
Il est mort ! il est mort ! notre ami, notre Père,
Celui qui nous aimait d'un amour si sincère,
Pleurons ! Pleurons ! notre ami, notre Père.

(Traduction littérale du chant authentique improvisé par les Naturels, suivant la coutume du pays).

ORGUE

Nouvelle audition de la MÉLODIE TYPIQUE *sur le mode triste. — Orage et coup de tonnerre.*

« Aussitôt après la mort du martyr, bien que le ciel fût serein, on entendit dans l'air un bruit épouvantable suivi d'un violent éclat de tonnerre, qui jeta la terreur dans toute l'île. — Les Naturels très effrayés se cachaient dans les bois. (*Historique*).

RÉCITATIF

Entendez-vous ce bruit qui s'élève en grondant :
C'est le bruit du tonnerre,
La voix d'un Dieu puissant.

CHŒUR

Redoutez de ce Dieu la trop juste colère.

On entend encore dans le lointain les derniers grondements du tonnerre.

Dernière apparition de la MÉLODIE TYPIQUE *toujours sur le mode triste. — Reprise du Lamento :*

Il est mort ! il est mort ! notre ami, notre Père,
Celui qui nous aimait d'un amour si sincère.
Pleurons ! Pleurons !

Premier chant de joie servant de transition au chœur final.

CORYPHÉE

Séchez vos pleurs,
Plus de tristesse,
Et que le chant de l'allégresse
Succède aux cris de vos douleurs.
Du saint Martyr la prière sublime
A détourné les coups du châtiment,
Et Dieu ne vengera le sang de la victime
Qu'en vous convertissant.
Chantez, chantez cette noble victoire,
Chantez du Bienheureux le triomphe et la gloire.

APOTHÉOSE

CHŒUR

De nos cœurs abattus bannissons la tristesse :
Par nos concerts d'amour, par nos chants d'allégresse,
Célébrons les grandeurs du Martyr glorieux...
Vierge, c'est ton enfant qui monte vers les Cieux.
Porté sur les ailes des anges.

Les Cieux sont invités à unir leurs louanges aux faibles voix des mortels :

CHŒUR

Ouvrez, ouvrez vos rangs, glorieuses phalanges,
Mêlez vos voix à nos humbles louanges.

Explosion dernière d'acclamations et de louanges.

Le lendemain, la cathédrale gardera toute la journée l'aspect de ces grands sanctuaires où affluent les pèlerinages, Lourdes et Paray-le-Monial. La foule vient, s'en va et retourne sans se lasser, si bien qu'enfin on se voit forcé, pour préparer la cérémonie du soir, de fermer les portes, devant lesquelles les visiteurs se pressent encore avec une infatigable persévérance.

A 7 heures du matin, Monseigneur célèbre une messe de communion pour toutes les communautés de Saint-Brieuc. Elles sont légion, ces vierges chrétiennes qui ont tout quitté, comme le Père Chanel, pour exercer l'apostolat de l'enseignement et de la charité. Trois prêtres distribuent la communion en même temps que Monseigneur, et, pendant trois quarts d'heure, ne cessent de la donner à ces nombreuses religieuses, aux enfants de leurs pensionnats ou de leurs orphelinats, aux nombreux fidèles qui sont venus en rangs pressés se joindre à ce cénacle choisi.

A neuf heures, Monseigneur Grimes officie pontificalement. Les élèves de l'Ecole Saint-Charles chantent cette messe solennelle, sous la direction des Révérends Pères Marianites. Ils sont de toutes les fêtes religieuses de notre ville, et le spectacle de la foi, de la piété et de l'admirable discipline de cette nombreuse jeunesse a toujours pour les fidèles un attrait d'édification.

A midi, les pèlerinages particuliers commencent. Du coteau même où résident les Pères Maristes, descendent les enfants de Nazareth. Elles ont l'honneur de commencer cette longue série de défilés à travers la Cathédrale, autour de l'autel du Saint. Elles entonnent ce pieux cantique qui va retentir sur toutes les lèvres, pendant cette glorieuse journée. Sur un rhythme pieux, la poésie des couplets repasse toute la vie du Père Chanel, tandis que le chœur reprend avec ardeur le refrain

> Auprès du trône de Marie,
> Martyr témoin de notre foi,
> Appelle-nous dans la Patrie
> Et fais-nous régner avec

Avec quel cœur tous les pèlerins de la journée vont chanter cet appel au Père Chanel, devant cet autel, où la statue de la Très Sainte Vierge domine la statue du Bienheureux et semble lui sourire avec amour, comme une mère à son fils bien-aimé.

Le programme de ces pèlerinages est approprié lui-même à cet esprit d'union à Marie : trois dizaines de chapelet, trois invocations au Bienheureux, trois répétitions de cette prière apostolique composée par le Père Chanel lui-même : « Que par vous, ô Marie, le nom du Sauveur des hommes soit connu et adoré de toute la terre. »

A midi et demi, arrivent les sœurs de Saint-Vincent de Paul avec leur orphelinat. Elles ont eu aussi leurs fêtes solennelles pour le Bienheureux Perboyre ; elles viennent avec joie unir dans leurs prières les deux martyrs, fils d'un même siècle, victimes d'une même foi, héros des mêmes triomphes, que l'Eglise a unis dans ses acclamations.

A une heure, les Dames de Saint-Thomas de Villeneuve descendent, à leur tour, vers la Cathédrale avec leurs nombreux enfants ; elles viennent demander au Bienheureux cette tendre pitié qu'il éprouva pour les misères de ses frères malheureux.

A deux heures, c'est une famille plus nombreuse encore qui accourt aux pieds des reliques sacrées. Les Filles de la Providence, avec leur pensionnat et leur externat, viennent leur apporter leur tribut d'hommages. Et toujours retentit le cantique qui passe de lèvres en lèvres :

> Bienheureux martyr dont la gloire
> Déjà rayonnait dans les cieux,
> Nos chants célèbrent ta victoire
> Et nos cœurs t'adressent leurs vœux.

Les Sœurs du Saint-Esprit de la maison Mère et le pensionnat de la côte Saint-Pierre leur succèdent immédiatement, tandis que la foule, toujours repoussée par ces flots nouveaux de pèlerins, se masse dans les bas côtés et circule avec peine. Comme le Père Chanel enseigna les âmes ignorantes, ainsi elles ouvrent de jeunes âmes à la vérité et aux vertus de l'Evangile, mission sublime qu'elles partagent avec l'apôtre.

Enfin viennent les Frères et leur nombreuse jeunesse : la foi de leurs parents a groupé ces enfants, au prix de sacrifices énormes, sous les maîtres qui enseignent la loi de Notre-Seigneur Jésus-Christ, et la vie du martyr leur redit encore le prix de cette foi pour laquelle il donna sa vie. L'animation autour de la Cathédrale est inusitée ; ces pensionnats, ces orphelinats, ces communautés de toutes sortes, se dispersent tour à tour dans toutes les directions et donnent à nos rues un air de fête, malgré les brumes de l'automne.

Comme la veille, à la cérémonie du soir, la longue

procession du Clergé se déroule à travers les nefs ; comme la veille aussi, il faut renoncer à porter la statue du Bienheureux à travers l'assistance trop compacte. Le Révérendissime Père Abbé de la Trappe de Thymadeuc présidait cette procession avec Monseigneur Fallières. En le voyant passer, la tête ceinte d'une mitre, revêtu d'une chape sur sa coule blanche, on ne pouvait s'empêcher de songer involontairement à ce moyen-âge chrétien et monastique, dont ce moine, au costume primitif, donnait comme une vision.

L'orateur du samedi est M. Dubourg, archidiacre de Saint-Brieuc. Sa voix claire et vibrante va forcer l'attention de son auditoire jusque dans les moindres recoins de notre cathédrale, à travers les lourdes masses de ses piliers. Il célèbre dans le Bienheureux Chanel l'enfant de Marie. Il faut le dire, le nom de notre Mère du ciel exerce par lui-même une merveilleuse attraction sur les cœurs chrétiens ; mais il pouvait sembler téméraire de prétendre montrer sans digressions l'action de Marie dans la vie du Bienheureux. Sans doute l'amour de la Sainte Vierge tint grande place dans cette existence, courte par sa durée et longue par ses œuvres, mais, suivant l'expression de Lacordaire, l'amour n'a qu'un mot, et, s'il se redit sans cesse sans se répéter jamais, il se devine, il se sent plus encore qu'il ne s'exprime et ne se raconte.

Pourtant, pendant une heure un quart, M. Dubourg n'a pas un seul instant quitté son sujet, et il l'a traité avec cette chaleur communicative qui vient du cœur et va droit au cœur de la foule. Sa parole, accessible à tous, a rappelé les multiples formes que la piété chrétienne donne à son amour pour Marie, et ses louanges devenaient un enseignement.

Les masses, pour être saisies, ont besoin de trouver, dans la parole chrétienne, ces vibrantes émotions de l'âme ; elles se plaisent à se sentir emportées, arrachées par ces cris du cœur qui ne les trompent jamais ; elles aiment à redire, en quittant l'enceinte sacrée, la parole des disciples d'Emmaüs, tout étonnés des ardeurs qu'ils éprouvaient en eux-mêmes : *Nonne cor nostrum ardens erat in nobis ?*

Le dimanche, le T. R. Père Bernard, abbé de la Trappe de Thymadeuc, qui déjà avait donné, la veille, le salut solennel du Très Saint-Sacrement, a célébré la messe pontificale, en présence de Monseigneur Fallières. La foule était animée d'une joie sainte et recueillie, des milliers de cœurs avaient reçu, le matin, la visite du doux Maître Jésus, et ce pieux élan vers la Table sainte donnait à ces fêtes une note de tendre piété.

Les paroissiens de Cesson étaient venus nombreux assister à la messe pontificale de leur compatriote, dont le vieux père, le cœur remué par une sainte émotion, voyait avec joie ce fils, qui avait tout quitté pour Notre-Seigneur, reparaître au milieu des siens, pour y apporter un parfum du cloître. La maîtrise de la Cathédrale, qui, pendant ces trois jours, a si brillamment exécuté la partie musicale des cérémonies, a chanté cette grand'messe solennelle avec un talent qui n'est plus à louer.

A midi et demie la laborieuse colonie de Saint-Ilan, sa brillante fanfare en tête, venait à son tour déposer aux pieds du Bienheureux le tribut de ses hommages et de ses prières. Les Pères du Saint-Esprit et du Saint-Cœur de Marie ont tenu à témoigner ainsi que les fils de Marie se retrouvent toujours dans le cœur de leur Mère, où ils puisent tous leur commune richesse : l'énergie du dévouement et du sacrifice.

Le soir, dès une heure et demie, la cathédrale était remplie, et la foule stationnait sur la place. Le grand Séminaire, tout entier, assistait à la cérémonie, qui commençait à 4 heures. Pour pénétrer jusqu'au chœur, le cortège épiscopal a dû renoncer à fendre les rangs pressés des fidèles, et est entré par la sacristie. Il a fallu même omettre la procession des reliques qu'il eût été inutile de tenter au milieu d'une telle multitude.

L'orateur du dimanche était Monseigneur Rumeau, protonotaire apostolique, vicaire général d'Agen. C'était la première fois que Saint-Brieuc entendait sa chaude parole, et jamais auditoire plus pressé ne prêta une plus religieuse attention à un prédicateur. C'était la vie du Bienheureux Chanel, étudiée dans ses moindres détails et appréciée avec une expression toujours heureuse, vive et précise. Chaque fait amenait une conclusion pratique, et la pensée du divin modèle, toujours présente à l'esprit de l'orateur, comme elle le fut à celle du Bienheureux, servait d'explication et de lien à cette vie de sacrifice, de dévouement et d'apostolat. Le bon soldat du Christ Jésus, après avoir longtemps lutté contre lui-même, a paru enfin digne de plus glorieux combats, et Notre Seigneur Jésus-Christ, pour couronner toute une vie modelée à la ressemblance de la sienne, lui a concédé la grâce du martyre.

Après tant de nobles accents, tant de splendeurs liturgiques, le nom du Père Chanel pénétrait tous les cœurs d'une sainte émotion, et, quand Monseigneur a entonné le *Te Deum*, cette hymne est sortie de toutes les poitrines, avec un élan enthousiaste, qui était l'expression des actions de grâce de cette foule, reconnaissante des magnifiques fêtes que l'Eglise venait de lui ménager.

Les bons Pères Maristes, humblement confondus parmi les prêtres et les séminaristes, qui partageaient leur bonheur et chantaient cette hymne triomphale, exultaient d'une sainte joie, leur cœur débordait d'allégresse, de douces larmes coulaient de leurs yeux. Ce Bienheureux, que le peuple chrétien glorifiait, c'était leur frère ; la vie qu'il avait menée, c'était leur vie ; la règle qui l'avait guidé et sanctifié, c'était leur règle ; et voilà que cette fraternité de la Religion, cette vie et cette règle étaient acclamées par l'Univers Catholique et sanctionnées par la parole de l'Eglise. Ils se disaient tout cela en eux-mêmes, et c'était là leur hymne d'actions de grâce, car l'émotion retenait le chant sur leurs lèvres.

Si, pendant les trois jours du Triduum, on n'a eu à signaler aucun fait miraculeux, l'action du Bienheureux Père Chanel ne s'en est pas moins fait sentir d'une manière efficace et visible ; mais, au lieu de s'exercer isolément sur un individu, elle a pénétré toute la masse des assistants. Qui pourrait dire les fruits de grâce et de salut qui ont été recueillis pendant ces trois jours de bénédiction ? Qui pouvait contempler sans émotion cette foule toujours grossissante, que l'enceinte de la vieille cathédrale ne pouvait plus contenir ? Et ce recueillement profond, et ces manifestations d'une piété vive et ardente dont rien ne pouvait arrêter l'élan ? Et cette multitude de communions ferventes qui rappelaient les fêtes les plus solennelles de l'année ? Que signifie la guérison d'un corps auprès de ces miracles de grâce opérés dans les âmes ?

Redisons, en terminant, ce vœu de notre Evêque, qu'il laissait éclater dans le Mandement où il annonçait ce Triduum solennel : « Puisse le sang « de nos martyrs, versé sur tant de plages loin- « taines, retomber sur notre sol français, comme « une rosée bienfaisante, et puissent les victoires « des saints nous assurer la paix, dont les gouver- « nements n'ont pas moins besoin que l'Eglise, « pour rendre les peuples heureux ». Le sang du martyr est retombé sur notre sol briochin comme une rosée bienfaisante ; il a allumé dans les cœurs une ardeur imprévue, et comme le sang du Maître, le sang du disciple a touché, purifié, transfiguré les multitudes par cette vertu miraculeuse qui est le divin et mystérieux rayonnement des saints.

André du Bois de la Villerabel,

Secrétaire de l'Evêché.

LETTRE PASTORALE

DE

MONSEIGNEUR L'ÉVÊQUE DE SAINT-BRIEUC ET TRÉGUIER

Au Clergé et aux Fidèles de son Diocèse

A L'OCCASION DE LA

BÉATIFICATION DE PIERRE-LOUIS-MARIE CHANEL

Prêtre de la Société de Marie

LETTRE PASTORALE

DE

MONSEIGNEUR L'ÉVÊQUE DE SAINT-BRIEUC & TRÉGUIER

AU CLERGÉ ET AUX FIDÈLES DE SON DIOCÈSE

A L'OCCASION DE LA

BÉATIFICATION DE PIERRE-LOUIS-MARIE CHANEL

Prêtre de la Société de Marie.

NOS TRÈS CHERS FRÈRES,

La Société de Marie a rendu trop de services à notre Diocèse pour que nous demeurions étrangers aux joies saintes que lui a procurées la béatification de l'un de ses fils, martyrisé pour la Foi, dans l'île de Futuna, le 28 août 1841.

La béatification de Pierre-Louis-Marie Chanel intéresse d'ailleurs la France au même titre que celle de Jean-Gabriel Perboyre, dont nous venons de glorifier la mémoire dans notre ville de Saint-Brieuc.

La première année de notre Episcopat aura été marquée par de grandes fêtes en l'honneur des saints ; ne pouvons-nous pas espérer que des sources nouvelles de grâce vont s'épancher sur les âmes que nous avons la mission de sauver et de sanctifier ?

Le martyr, dont nous vous invitons aujourd'hui à invoquer le nom et à célébrer la gloire, vint au monde au commencement de ce siècle, le 12 juillet 1803, dans le petit village de Cuet, au diocèse de Belley. Ses parents étaient de modestes cultivateurs, comme on en trouve beaucoup dans notre Bretagne, vivant de leur travail et élevant une nombreuse famille dans la crainte et l'amour du Seigneur. Pierre, à sept ans, gardait déjà les troupeaux de son père ; n'est-ce pas le travail de tant de chers petits enfants que nous rencontrons dans nos visites pastorales et qui se mettent si pieusement à genoux sur notre passage pour recueillir notre bénédiction ?

Tout en veillant à son troupeau, Pierre élevait son cœur vers le Dieu puissant et bon, dont l'invisible majesté planait, aux yeux de sa foi, sur les collines silencieuses et sur les vallées profondes où courent des ruisseaux murmurant comme une prière à Celui que toutes les créatures ont le devoir de bénir. Sans avoir la science de la contemplation, il en avait l'usage ; n'est-il pas écrit : *Heureux ceux qui ont le cœur pur, parce qu'ils verront Dieu ?*

Il était à peine âgé de huit ans lorsqu'il se confessa pour la première fois. Avant de se présenter au saint tribunal, il examina sa conscience avec le plus grand soin, et l'examen fini, s'adressant à sa mère : « Voilà, lui dit-il, tout ce que j'ai pu trouver ; aidez-moi, je vous prie, vous savez mieux que moi ce que j'ai fait. »

L'histoire ne dit pas qu'elle fut la réponse de la mère ; la pieuse femme dut embrasser, en pleurant de joie, l'ange qui lui ouvrait si naïvement son âme, et dont, mieux que personne, elle savait la pureté et admirait la candeur.

Cette pureté et cette candeur attirèrent un jour l'attention d'un bon prêtre qui passait par la prairie où Pierre menait paître son troupeau. « Comment t'appelles-tu ? dit-il au petit berger. — Je m'appelle Pierre Chanel. — Quel âge as-tu ? — Neuf ans et demi. — Où vas-tu à l'école ? — A Saint-Didier. — Que sais-tu ? — Pas grand'-chose. »

Quelque temps après, le même prêtre, passant encore par la prairie, dit au berger : « Pierre, te voilà grand ; voudrais-tu venir chez moi ? — Oh ! bien volontiers, monsieur le curé ; c'est mon plus grand désir. »

Telle fut la manière dont le bon Dieu alla chercher l'enfant ; n'est-ce pas ce qu'il fait tous les jours dans notre Bretagne ? N'est-ce pas là l'histoire de la plupart de nos frères dans le sacerdoce, celle peut-être de votre bon et saint recteur ?

Il y aurait grand intérêt à suivre Pierre Chanel, de la maison paternelle à l'école presbytérale, et de l'école du presbytère au petit séminaire de Meximieux ; mais les limites de cette lettre ne nous permettent pas de raconter toute une vie ; c'est d'un martyr surtout que nous avons à vous parler.

Pierre Chanel ayant achevé ses études de théologie fut promu au sacerdoce ; il reçut, des mains vénérables de Monseigneur Devie, l'onction qui fait les prêtres, et deux jours après, le 17 juillet 1827, il célébra sa première messe.

« Ce n'était pas un homme à l'autel, mais un ange, » a raconté un de ses anciens condisciples.

Et le bon prêtre qui avait élevé Pierre était là ; il pleurait de joie ; quant au père, à la mère et à tous les membres de la famille présents à cette cérémonie, il est facile de comprendre leur émotion et leur bonheur.

Après quelques années passées dans les différents ministères que la confiance de son Evêque lui avait assignés, l'abbé Chanel entra dans la Société de Marie et y fit profession. C'était au moment où cette Société, fondée à Lyon, la ville des martyrs, était appelée par le Saint-Siège à porter la lumière de l'Evangile dans les îles de l'Océanie Occidentale.

Le nouveau profès fut heureux d'être désigné par ses supérieurs pour cet apostolat. Rien ne put le retenir, ni la tendre affection qu'il avait pour sa mère, ni les liens de la famille, ni ceux de l'amitié, ni l'amour du pays natal ; il partit.

La navigation fut pénible : elle dura dix mois. Le 3 novembre 1837, les missionnaires jetèrent l'ancre dans la baie de l'île de Futuna. Ils ne s'y arrêtèrent que pour y laisser le Père Chanel, avec un seul Frère, qui devait l'aider dans l'œuvre d'évangélisation des habitants de Futuna.

Il ne fut pas mal accueilli par les insulaires ; le chef lui fit même donner une case, et il pourvut à sa nourriture, au moins dans les commencements ; mais à ces dispositions bienveillantes succédèrent bientôt la méfiance, la jalousie, la haine. Après avoir admiré la religion de Jésus-Christ, le roi commença à la craindre. Lui qui avait dit : « Vraiment la religion est belle : et si tous mes sujets se font catholiques, je les suivrai, » changea peu à peu de langage. Il cessa d'envoyer au missionnaire la nourriture, cherchant à le décourager, pour le contraindre à partir. L'apôtre ne se laissa point abattre. Il cultiva, aidé par le Frère Nizier, son compagnon, le champ qui s'étendait autour de l'enclos ; mais les récoltes furent mises au pillage ; le missionnaire souffrit de la faim, il ne s'en alla pas. De sinistres rumeurs parvinrent à ses oreilles ;

il répondit : « Qu'importe, le jour où l'on me tuerait ne serait-il pas le plus beau de mes jours ? »

Des complots se tramaient dans l'ombre. On excitait la jalousie du roi, on lui disait : « Si l'étranger réussit à implanter la religion dans l'île, tu ne seras plus Dieu, tu ne seras plus Chef ; plus d'honneurs, plus de festins, plus de réjouissances : il faut tuer le blanc. »

Comme autrefois les juifs cherchaient à effrayer Pilate pour lui arracher la condamnation de Jésus, ainsi les sauvages perfides se servaient des mêmes arguments pour obtenir la mort du Juste.

Le Pilate de Futuna finit par céder ; mais comme il avait peur des nombreux néophytes qui s'étaient attachés au missionnaire, il usa de ruse et d'hypocrisie.

On attendit que le Père fût seul dans sa case ; les meurtriers y pénétrèrent sous prétexte de demander un remède pour un blessé : « Frappez, cria une voix. » Un casse-tête s'élève, il s'abat, brisant le bras de l'innocente victime : il s'élève encore, et retombe ; en même temps une lance de bambou atteignait au côté le Père et le renversait sur le sol ; enfin un de ces forcenés lui fendit le crâne d'un coup de hache : l'Océanie envoyait au ciel son premier martyr.

A peine le Père Chanel eut-il rendu le dernier soupir, qu'un coup de tonnerre éclata dans un ciel que ne voilait aucun nuage.

Ce signe surnaturel jeta l'effroi dans la population de l'île ; on vit les meurtriers trembler, les néophytes, au contraire, se rassurèrent. Les persécuteurs se convertirent ; le plus coupable, échappa, par son repentir, à la vengeance céleste ; il détesta publiquement son crime. Les miracles, en se multipliant sur le tombeau de la victime, achevèrent la conversion des habitants de Futuna ; trois ans après la mort du Père, l'île ne comptait plus que des chrétiens.

A l'heure présente, non-seulement à Futuna, mais dans toute l'Océanie, il n'y a presque plus de sauvages : la civilisation chrétienne a succédé aux mœurs et aux coutumes barbares qui faisaient des populations océaniennes une si malheureuse portion de l'humanité.

Il n'est personne qui ne rende hommage à nos missionnaires. Ils font connaître et aimer au loin, avec la croix de Jésus-Christ, le nom et le drapeau de la France ; prêtres séculiers ou religieux, ils sont de la part du Gouvernement de la République, l'objet d'une égale protection. Ainsi donc, Dieu merci, dans notre France, qui veut rester chrétienne, peuvent se rencontrer encore et s'unir le patriotisme et l'apostolat.

Puisse le sang de nos martyrs, versé sur tant de plages lointaines, retomber sur notre sol français, comme une rosée rafraîchissante, et puissent les victoires des saints nous assurer la paix, dont les gouvernements n'ont pas moins besoin que l'Eglise pour rendre les peuples heureux.

A ces Causes,

Le saint nom de Dieu invoqué, et après en avoir conféré avec nos vénérables Frères les Doyen, Chanoines et Chapitre de notre Cathédrale, nous avons ordonné et ordonnons ce qui suit :

Article I. — Un Triduum de prières et de fêtes sera célébré dans notre église cathédrale de Saint-Brieuc, à l'occasion de la Béatification de Pierre-Louis-Marie Chanel, prêtre de la Société de Marie.

Art. II. — Pendant ce Triduum, qui commencera le vendredi 14 Novembre, les prêtres qui célébreront à la Cathédrale pourront dire la messe du Bienheureux.

Art. III. — Une indulgence plénière, applicable aux âmes des défunts, est accordée, l'un des trois jours, à leur choix, et aux conditions ordinaires, aux fidèles qui visiteront la Cathédrale.

Les autres jours, moyennant la visite de l'église, ils gagneront une indulgence de cent ans, applicable également aux âmes du Purgatoire.

Art. IV. — Nous invitons le clergé et les fidèles

à prendre part aux saints exercices qui auront lieu dans la Cathédrale, et à participer aux avantages spirituels qui leur sont offerts.

Art. V. — Et sera notre présente Lettre Pastorale lue au prône, dans toutes les églises et chapelles de notre Diocèse, le dimanche qui en suivra la réception.

Donné à Saint-Brieuc, en notre palais épiscopal, sous notre seing, le sceau de nos armes et le contre-seing du Secrétaire de l'Evêché, le samedi 1er novembre 1890, en la Fête de Tous les Saints.

† PIERRE-MARIE,

Evêque de Saint-Brieuc et Tréguier.

Par Mandement de Monseigneur :

P. Limon,

Chanoine, Secrétaire général.

PANÉGYRIQUE

DU BIENHEUREUX PIERRE-LOUIS-MARIE CHANEL

PRONONCÉ

Dans l'Eglise Cathédrale de Saint-Brieuc

LE 14 NOVEMBRE 1890

PAR M. L'ABBÉ J. DANIEL

Chanoine honoraire

ARCHIPRÊTRE DE SAINT-SAUVEUR DE DINAN

PANÉGYRIQUE

PRONONCÉ

Par M. l'Abbé J. DANIEL

Chanoine honoraire

ARCHIPRÊTRE DE SAINT-SAUVEUR DE DINAN

LE 14 NOVEMBRE 1890

Mihi autem vivere Christus est, et mori lucrum.

Jésus-Christ est ma vie, et la mort m'est un gain.

(PHILIPP. I, 21.)

MESSEIGNEURS (1),
MES FRÈRES,

Qu'est-il besoin de vous dire la signification de ce solennel *Triduum ?* Dimanche dernier, une Lettre Pastorale nous était lue, qui évoquait devant nous cette douce figure du Bienheureux Chanel, cette

(1) Monseigneur Fallières, évêque de Saint-Brieuc et Tréguier. Monseigneur Grimes, évêque de Christchurch (Nouvelle-Zélande).

vie admirable de religieux et de missionnaire, cette mort au-dessus de laquelle rayonne l'auréole du martyre (1). A elles seules, ces pages émues, vraiment dignes d'un évêque, sont déjà tout un glorieux panégyrique. D'ailleurs, cette riche décoration de la vieille basilique cathédrale, cette pourpre qui flotte aux piliers, aux galeries, aux voûtes, ces étendards et leurs devises, cette cantate triomphale que nous allons entendre, ce tableau de l'apothéose, cette statue surtout et cette sainte relique offertes à notre vénération, tout cela ne parle-t-il pas éloquemment à nos yeux et à nos oreilles, à nos cœurs de chrétiens, à notre foi ?

Donc, il y a bientôt de ceci un demi-siècle, le 28 avril 1841, dans une toute petite île polynésienne, perdue parmi les immensités de l'Océan Pacifique, le Père Pierre-Louis-Marie Chanel, religieux de la jeune Société de Marie, tombait, solitaire, sous le casse-tête et la hache des païens ; il mourait pour Jésus-Christ ; il mourait martyr.... La Société naissante, si grandement honorée par cette mort, avait pieusement recueilli les restes ensanglantés de son glorieux fils, et tous les détails de son trépas héroïque ; et à ce martyre, prémices bénies du sang versé dans l'Océanie pour l'apostolat du Christ Jésus, l'Eglise entière avait frémi de joie et d'admiration.

(1) Lettre pastorale de Monseigneur l'Evêque de Saint-Brieuc et Tréguier au clergé et aux fidèles de son diocèse, à l'occasion de la béatification de Pierre-Louis-Marie Chanel, prêtre de la Société de Marie, datée du 1er novembre 1890.

Et voici qu'après des enquêtes rigoureuses, multipliées, après les laborieuses postulations d'un religieux que nous avons appris à vénérer ici-même, pendant bien des années, comme supérieur du grand séminaire diocésain (1), après la constatation de plusieurs miracles, le Vicaire infaillible du Christ a prononcé son jugement : le 17 novembre 1889, aux tressaillements du monde chrétien, le martyr Pierre-Louis-Marie Chanel était proclamé Bienheureux : c'était son immatriculation solennelle aux fastes de la sainteté et de la gloire.

Depuis ce jour, dont nous célébrons presque l'anniversaire, des fêtes magnifiques ont exalté celui qui avec son sang a écrit une nouvelle et glorieuse page aux annales de l'Eglise catholique et du Clergé français, et la première page du martyrologe des Pères Maristes. A Lyon et à Paris, à Belley et à Nevers, à Moulins et à Riom, à Agen et à Valenciennes, demain à Chartres, que sais-je ? jusque dans les jeunes et vigoureuses chrétientés de l'Océanie et de l'Amérique, partout ont éclaté les actions de grâces, les saintes allégresses, les panégyriques : n'est-il pas juste d'honorer celui que Jésus-Christ et son Eglise ont tant honoré ?

Aujourd'hui, c'est notre tour. L'Evêque prête l'hospitalité de sa cathédrale à ces saints religieux qui ne peuvent, hélas ! ouvrir leur gracieuse chapelle à ce *Triduum*. Ce ne sera pas pour votre cœur, mes Révérends Pères, une médiocre consolation de

(1) Le R. P. Claude Nicolet.

voir ces deux évêques, ce vénérable chapitre, tous ces prêtres, cet immense concours de fidèles, empressés aux fêtes de votre Bienheureux !...

Mes Révérends Pères, vous avez daigné me convier à ouvrir le *Triduum* et me demander quelques paroles à la gloire du saint martyr. En toute simplicité j'obéis à ce désir. Aussi bien l'éloge sera-t-il continué demain et après-demain, continué et complété avec un savoir, avec une autorité, avec une éloquence que vous n'attendez pas aujourd'hui.

Pareilles solennités ne sont ni superflues ni inutiles ; elles portent en elles des trésors de lumières et de grâces. Dans ce premier discours, avec l'aide de Dieu, sous les auspices maternels de la Vierge Marie, que Chanel a tant aimée et si bien servie — comme on vous le dira demain — avec la bénédiction de cet ami de Dieu, j'essaierai de vous dire comment le Bienheureux Chanel a compris et réalisé cette devise, qu'il m'est doux de voir arborée ici, dans la décoration du temple : « Jésus-Christ est ma vie, et mourir m'est un gain. »

« Jésus-Christ est ma vie » : parole étonnante ! Lorsque saint Paul se rend à lui-même ce beau témoignage, lorsqu'il ajoute autre part : « Je vis, ce n'est plus moi qui vis, c'est le Christ qui vit en moi (1) », est-ce une audace apostolique de son langage ? Fait-il son propre panégyrique ? Gardons-

(1) Galat. 2-20.

nous de le croire. Il exprime simplement la loi qui régit toute vie chrétienne, vraiment chrétienne, toute sainteté.

Tous, par l'efficacité du saint baptême, qui a versé en nous, jusqu'aux racines de notre âme, une communication de la vie divine, nous portons Jésus-Christ en nous ; il est la sève de l'âme ; il la vivifie, comme l'âme vivifie le corps. « Le chrétien est un autre Christ ! » — Et saint Augustin ajoute : « Quelle merveille ! quelle joie ! nous sommes devenus le Christ !... » *Admiramini, gaudete, Christus facti sumus* (1). O mystère de notre grandeur de baptisés !... Que si nous voulons être fidèles à notre vocation dans le Christ Jésus, notre vie reflètera sa vie en terre ; nos pensées, ses pensées ; nos sentiments, ses sentiments ; nos actions, ses actions.

Voici une autre loi. Cette vie du Christ, germe du Ciel déposé en nous par le saint baptême, doit grandir en nous, se fortifier, mûrir, par le double travail de la grâce et de notre générosité, *fructum ascendentem et crescentem* (2). Le progrès n'est-il pas la loi de toute vie ? Donc que la vie du Christ resplendisse en nous par une imitation croissante du divin modèle, par une manifestation de plus en plus complète dans notre vie de sa propre vie : *crescamus in illo per omnia qui caput est Christus* (3).

(1) S. Aug., in Joan., tract. XXI, n° 9.
(2) Marc. 4-8.
(3) Ephes. 4-25.

Nous ne pouvons ici qu'effleurer, d'après la doctrine de saint Paul, cette haute théologie, qui nous place au centre même de la vie chrétienne, aux sources de toute foi, de toute vertu surnaturelle, de toute sainteté.

Vienne un chrétien qui réalise en lui le programme de l'apôtre. Chez ce chrétien, la grâce a si bien dominé la nature, qu'elle est devenue le ressort de son âme, le moteur de tout son être, l'inspiration de ses pensées et de ses actes. Mort au monde, enseveli avec Jésus, affamé de l'humilité du Sauveur, de sa pauvreté, de sa croix, le cœur toujours conjoint à son cœur divin par la foi et par l'amour, ne faisant qu'un avec lui par l'unité d'un même esprit, de manière à pouvoir dire : « Le Christ est ma vie », de manière aussi à saluer d'avance, comme un gain incomparable, avec tous les tressaillements de la sainte espérance et des ardents désirs, la mort qui le mettra en la possession absolue de son Jésus, la mort qui à jamais consommera son union avec Celui en qui il vit... mes frères, voilà la sainteté ! voilà un saint !...

Paraissez maintenant, ô Bienheureux Chanel ! Ouvrez-nous votre belle âme ! ou plutôt permettez-nous de pénétrer, avec un religieux respect, dans le sanctuaire de votre âme, pour y trouver la vivante trace de Jésus, pour savourer le parfum surnaturel qui l'imprègne et l'embaume, pour contempler tous vos trésors de foi, de saint amour, d'humilité, de patience, de mansuétude. Montrez-nous surtout, pour notre exemple, le secret de votre sainteté : comment vous avez grandi dans la grâce et dans la vie de Jésus ; par quelles « ascensions admirables » vous avez monté au sacerdoce, du sacerdoce au sacrifice religieux et à l'apostolat, de l'apostolat au martyre, du martyre dans la gloire du paradis.

Remarquons d'abord, mes Frères, avec quels soins, avec quelles prédilections le Maître prépare de loin son futur apôtre. D'ordinaire Dieu jette longtemps d'avance les germes de ce qui doit éclore plus tard.

Le Bienheureux Chanel, Dieu le fait naître dans une terre choisie, féconde en apôtres, fertile en sainteté, dans la terre fortement chrétienne de la Bresse, sur laquelle, d'ailleurs, viennent rayonner les grands souvenirs et les gloires de cette église de Lyon, pépinière de martyrs et d'apôtres.

Le berceau de Chanel est humble, bien humble. Qu'importe, puisqu'au dessus de la chaumière natale, comme au dessus de l'étable de Bethléem, j'entends les Anges qui chantent : « Gloire à Dieu » ? Qu'importe, puisque le Seigneur Jésus, en mettant sur ce front d'enfant le signe du chrétien, marque déjà l'enfant pour la plus sublime des vocations, déjà le marque pour la gloire de l'holocauste ? Humbles aussi ses parents, humbles et pauvres : qu'importe ? Ce sont des chrétiens, comprenant les grandeurs et les devoirs de leur paternité et de leur maternité. O l'heureux foyer ! ô le béni foyer, à l'ombre duquel pousse pareille fleur du paradis !

Humbles enfin sont les débuts de l'enfant : un petit pâtre gardant les troupeaux de la ferme. Avez-vous remarqué la prédilection du divin Maître pour les bergers? Il aime à prendre leur nom et leurs traits; quoi d'étonnant? il est le bon pasteur. Ceux-là sont des bergers qui les premiers adorent l'Enfant-Dieu, là même où David avait été berger. Jeanne d'Arc, la vierge que nous appellerons bientôt la Bienheureuse Jeanne, est une bergère; le Christ qui aime les Francs change la houlette de Jeanne en épée, et la bergère sauve la France. Un berger encore, saint Vincent de Paul. Et, sans aller si loin, quelques années avant Chanel, dans cette même région privilégiée de la Bresse, un autre petit berger faisait paître ses moutons, qui fut Jean-Baptiste Viannay, le curé d'Ars, dont bientôt aussi nous saluerons la béatification.

Quant à notre petit pâtre du hameau de la Potière, tout en cheminant pas à pas avec son troupeau sur le flanc des collines et le long des prairies, il sent sa jeune âme s'éveiller à l'amour de Dieu, dont il lit la beauté, la grandeur, la bonté dans ses créatures. Admirables sont déjà les effusions de sa piété. Déjà il prêche à ses petits camarades des champs, leur redisant dans un naïf langage, les prônes de son curé. Voyez-vous sous l'enfant poindre le prêtre, percer l'apôtre.

Mes frères, la formation d'un apôtre est œuvre complexe. Si la vocation vient du choix éternel de Dieu, Dieu a des instruments, des intermédiaires dont il daigne se servir pour collaborer à son miséricordieux dessein, pour donner à une vocation conscience d'elle-même : qui de nous, prêtres de Jésus-Christ, n'a fait de ceci la douce expérience? Or, ce curé dont Chanel répétait les prônes, un de ces prêtres du vieux clergé, coulés dans le moule antique, survivants de la révolution, ce fut de lui que Dieu se servit d'abord : « Voudrais-tu être prêtre? » dit-il un jour à notre petit pâtre. «Oh ! oui, de tout mon cœur!» Et le curé prend Chanel dans son presbytère — O prêtre de Jésus-Christ, devinâtes-vous ce cœur d'apôtre? Dieu vous donna-t-il une de ces mystérieuses intuitions de l'avenir, surtout en ce jour où votre cher petit Chanel reçut pour la première fois, de votre main, son Jésus, son Sauveur?... quelle journée! l'amour de Jésus enivre l'âme de l'enfant ; il ne cessera plus de l'enivrer. Mais vous qui avez enfanté cette vocation, gloire à vous! aujourd'hui vous jouissez au ciel de la gloire de votre élève !...

Je ne donnerai qu'un regard à l'adolescence de Chanel, à l'élève des petits séminaires de Meximieux et de Belley, à l'élève du grand séminaire de Brou : il vous en sera reparlé. De toute cette période je ne veux retenir et mettre en relief que deux traits caractéristiques.

D'abord on voit partout reluire en Chanel la piété, l'obéissance, l'humilité, toutes les qualités aimables, la gaieté, la bonté, la douceur surtout, «une admirable douceur», *mira mansuetudine* : ainsi parle l'Eglise elle-même dans l'oraison liturgique du Bienheureux : n'est-ce pas le précepte du Maître? «Apprenez de moi que je suis doux !...(1) » D'ailleurs les hommes que notre Seigneur, agneau divin, appelle à s'immoler à sa suite, *tanquam oves occisionis* (2) ne doivent-ils pas participer à la nature de l'agneau? Ainsi en Chanel peu-à-peu se formait le Christ et grandissait la vie surnaturelle : *crescebat et confortabatur plenus sapientia, et gratia Dei erat in illo*(3).

En second lieu et surtout admirons comment la vocation de missionnaire se révèle au jeune homme et prend corps peu-à-peu. Déjà, tout petit enfant, à peine a-t-il appris à lire, il lit dans les champs les « *Lettres édifiantes des Missions* ». Désormais ce sera sa lecture de choix. Ces récits l'enflamment, ils le transportent à travers l'espace. Qu'a-t-il donc lu? Qu'a-t-il donc vu de si loin par delà les terres et les mers? Il a lu les travaux des apôtres qui se dévouent à Jésus-Christ et aux âmes ; il a vu couler leur sang, et de ce sang il lui semble vraiment que ces pages soient toutes teintes. Il a vu, il a entendu des âmes qui lui disaient : « Viens nous sauver ! » Il a entendu Jésus-Christ lui murmurer au cœur : « Vois comme la moisson est grande ! et si peu d'ouvriers ! (4) » Et dans cet intime de son cœur, il s'est dit : « Moi aussi je serai missionnaire, moi aussi je serai martyr ! »

Et ce désir le presse tant — ou plutôt c'est « l'amour

(1) Matth. 11. 29.
(2) Rom. 8. 36.
(3) Luc. 2. 40.
(4) Matth. 9. 37.

du Christ qui le presse (1) » — qu'il s'en ouvre dès le petit séminaire de Meximieux à son supérieur, lui aussi un futur missionnaire (2) : tant il a hâte « de quitter tout pour voler au salut des pauvres sauvages ! (3) »

Les mêmes préoccupations saintes le poursuivent au grand séminaire. Là, sa prière monte ardente vers Notre Seigneur Jésus-Christ. Que de fois il l'interroge dans le silence de la méditation ! Que de fois je le vois, prosterné devant le tabernacle, buvant l'amour du Christ, aspirant à l'aimer davantage, *altiorem amoris gradum* (4), et sur le modèle de cet amour divin sacrifié, aspirant à se donner, à souffrir, à se sacrifier. Il me semble l'entendre dire, comme le jeune homme de l'évangile : « Maître, que ferai-je pour avoir la vie éternelle ? » Et comme Jésus lui rappelle les commandements : « J'ai observé toutes ces choses depuis ma jeunesse : Que me manque-t-il donc ? » Et Jésus de le considérer, d'arrêter sur l'angélique jeune homme un long regard d'amour : *Jesus autem intuitus eum dilexit eum* (5) : « Eh bien ! viens, suis-moi !... (6) »

Suivre Jésus : où donc, et comment ? Chanel n'en sait rien encore. Cependant, il recevra, avec le dia-

(1) 2, Cor. 5. 14.

(2) M. l'abbé Loras, qui mourut plus tard évêque de Dubuque, Etats-Unis d'Amérique.

(3) Lettre de Chanel à un ami.

(4) S. Bernard, *in Cantic.* XX.

(5) Marc. 10. 21.

(6) Matth. 19. 16. 21.

conat, l'Esprit-Saint qui fait les forts ; il recevra le sacerdoce de Jésus-Christ ; et son évêque, Monseigneur Devie, l'enverra vicaire à Ambérieux, puis curé aux confins de Genève, dans une paroisse délaissée, appelée Crozet. Dieu le permet, pour nous montrer, à nous prêtres, comment l'esprit de foi d'un pasteur, son dévouement, sa charité patiente, savent triompher des obstacles et transformer une population. Là, parmi ses montagnes et leur silence, Chanel s'enfonce de plus en plus « dans la vie cachée en Jésus-Christ. (1) »

Et toujours la pensée des missions le hante tout entier : le feu sacré l'embrase de ses ardeurs ; son âme s'élance vers les infidèles. « Je viens de lire, « disait-il un jour d'une voix émue, un numéro des « *Annales de la Propagation de la foi*, qui m'a bouleversé l'âme.... Il me semble les voir, ces pauvres « insulaires, ces idolâtres, ces anthropophages, que « le démon tient sous son empire... Ils nous tendent « les bras. Je crois entendre leurs cris déchirants et « nous dire : Qui dissipera nos ténèbres ? Qui brisera « les chaines de notre esclavage ? Venez à notre secours ! venez nous instruire de votre religion ! « venez nous fermer les portes de l'enfer et nous « ouvrir celles du ciel ! (2) »

Et de nouveau il conjure son évêque, il le supplie dans des lettres ardentes, de le laisser suivre l'attrait irrésistible, l'appel divin, qui le poussent aux

(1) Coloss. 3. 3.

(2) Cf. Vie du B. Chanel, par le R P. Nicolet, 1e édit. p. 106.

missions ; il brûle d'aller rejoindre en Amérique son ancien supérieur de Meximieux, Monseigneur Loras... O Chanel, prenez courage ! Tant de désirs de toute votre vie, tant d'aspirations, tant de prières, Notre Seigneur va les exaucer. Mais vous n'irez pas en Amérique, il vous appelle ailleurs, il vous réserve autre chose : si vous saviez la belle chose qu'il vous réserve !... Quoi donc ? Ecoutez, mes frères, et admirez par quelles voies secrètes et merveilleuses le Maître souverain conduit ses prédestinés.

Il y avait quinze ans déjà passés, une nouvelle société religieuse avait pris naissance à Lyon, aux pieds de Notre-Dame de Fourvières, au sommet de la colline imprégnée du sang de mille martyrs : la Société de Marie. Elle était sortie de la foi et du cœur d'un saint prêtre, et déjà le Souverain Pontife avait loué et béni la congrégation naissante.

L'abbé Chanel se sent inspiré d'entrer dans la Société de Marie ; il comprend que le sacrifice religieux doit préluder au sacrifice de l'apostolat, que, pour être missionnaire, pour être complètement digne de Jésus-Christ, il faut tout quitter pour Jésus-Christ. Monseigneur Devie acquiesce, enfin, aux désirs de ce saint prêtre. Et un dimanche soir, après l'office de vêpres, le 1er octobre 1831, en la fête du saint Rosaire, sans rien dire, le cœur gros de larmes, l'âme haute et résolue, le curé de Crozet s'arrache à sa paroisse, pour devenir religieux et mariste : sa dévotion à Marie lui avait valu cette grâce.

Cinq ans après, le 24 septembre 1836, en la fête de Notre-Dame de la Merci, l'heureux Chanel est du nombre des vingt premiers maristes qui prononcent entre les mains du révérend père Colin, fondateur et premier supérieur, les trois vœux de pauvreté, de chasteté, d'obéissance. Désormais la ressemblance de sa vie avec Jésus pauvre, pénitent, obéissant, est complète : le religieux, c'est Jésus-Christ tout entier, préceptes et conseils, et Jésus-Christ est tout pour le religieux : à celui-ci il appartient éminemment de dire : *mihi vivere Christus est,* le « Christ est ma vie ».

Maintenant Chanel est prêt ; toute attache avec le monde est rompue ; il est entre les mains de son divin Maître : « Seigneur, que voulez-vous que je fasse ? » Le Maître avait déjà répondu : Chanel allait être missionnaire, il allait partir pour l'Océanie....

C'est la gloire de notre siècle, et son meilleur titre aux miséricordes divines, d'avoir vu, avec de nouvelles et si vigoureuses floraisons de la vie religieuse, un si superbe essor vers les missions. Ajoutons que cette gloire est surtout celle de la France. A l'époque qui nous occupe, dans le second quart du siècle, alors que le clergé français a relevé les ruines du sanctuaire et reformé les rangs de la milice sainte, ce mouvement prend un élan incomparable, secondé puissamment par l'*œuvre* providentielle de la *Propagation de la foi.* Fidèles à la consigne du Maître, les missionnaires de la bonne nouvelle se répandent aux quatre vents du ciel : vers les plages de l'Extrême

Orient, et ces rivages de la Chine où le martyre est en permanence, vers les sables brûlants de l'Afrique que dévore la plaie de l'esclavage, vers l'Amérique où partout se fondent des églises d'avenir, enfin, vers l'Océanie.

L'Océanie... c'est-à-dire tout l'océan Pacifique, qui couvre à lui seul presque la moitié de la surface du globe terrestre; des îles, des archipels surgissant çà et là par centaines : tout un monde éparpillé dans la mer immense !... Et de ce monde les navigateurs disaient merveille. Rien, parmi les plus beaux sites du globe, ne surpasse certaines îles de l'Océanie par la merveilleuse harmonie des contours, le charme des eaux, la suavité de l'atmosphère, la fécondité du sol, le cours paisible des saisons, le rythme gracieux des mouvements et des phénomènes de la nature. Oui, tout cela était beau... de loin. Mais pénétrons dans ces îles : là se rencontrait l'homme radicalement isolé de la vérité chrétienne ; et quel homme ! C'est l'homme dans toute la nudité de la nature, et dans toute la honte de la chute, et dans l'ignominie de toutes les dégradations accumulées. C'est le sauvage dont la férocité se repaît de la chair de ses semblables, et à d'immondes dieux fétiches immole des victimes humaines.

Telles étaient les mille peuplades de ces îles à peine reconnues par quelques navigateurs. Quelques-unes, il est vrai, avaient reçu des « missionnaires protestants » : ce n'étaient pas des apôtres ; l'apostolat se mesure à deux choses : la vérité et le martyre.

Voilà ce que nos missionnaires convoitent comme leur conquête : ces sauvages, ces cannibales, grossiers, cruels, rebut du genre humain, ils ambitionnent de les donner à Jésus-Christ, à la vérité, à la chasteté, à la civilisation. Déjà le souverain Pontife avait confié une partie de ce vaste champ aux Pères de Picpus : le champ était trop vaste pour une seule société. Et voici que toute l'Océanie occidentale est confiée à la Société de Marie : poste d'honneur et de périls. Quelle gloire pour la société naissante ! Quelle bénédiction !... Sept religieux : un évêque, quatre prêtres, deux frères coadjuteurs, sont désignés pour s'en aller à ces extrémités du monde, pour ouvrir à l'évangile cette route que nul prêtre catholique n'avait encore parcourue. O bonheur ! Chanel sera du nombre ! les vœux ardents de l'enfant, de l'adolescent, du prêtre, du religieux, ils vont donc se réaliser : il est missionnaire !... Sa joie ne se contient plus : « Oh ! la bonne nouvelle que j'ai à vous annoncer ! « écrit-il à un de ses amis, dans le saint transport « de son enthousiasme. J'ai manifesté mes vieux « désirs, et mon cœur ne cesse de battre depuis que « mon nom est inscrit pour le premier envoi de « missionnaires... Il me tarde de monter à bord du « navire qui doit me transporter en Océanie. »

Sous ce cœur fervent d'apôtre l'homme vivait toujours. Les sentiments, les affections dont Dieu a pétri le cœur de l'homme sur le modèle même de son amour infini, est-ce que la grâce ne les élève pas à une intensité, à une pureté, à une sublimité que ne se connaît pas la nature? Donc Chanel va dire adieu à tous ceux qu'il a aimés, à tous les lieux bénis qui lui rappellent les saintes étapes de son existence et la marche ascendante de son âme dans la foi, dans l'amour divin, dans la vie de Jésus-Christ. Il va prier sur la tombe de son père; il va embrasser sa mère, sans lui dire que ce tendre adieu est pour toujours : elle le saura bientôt, et ses larmes couleront. O mère ! depuis longtemps vos larmes ont séché ; maintenant vous vous réjouissez là-haut, parce que, en un second enfantement et comme dans un second déchirement d'entrailles, vous avez donné au ciel un martyr, un saint ! Il va dire adieu à une autre mère bien-aimée, à Notre-Dame de Fourvières, lui consacrant sa personne, son apostolat, les pauvres sauvages qu'il aime déjà dans le cœur de Jésus. Enfin, le 24 décembre 1836, le navire qui le porte, lui et ses compagnons, déploie ses voiles et quitte Le Hâvre au chant de l'*Ave Maris Stella*. Chanel avait trente-quatre ans.

Pars, jeune et vaillant apôtre ! Prends ton essor ! Va où Dieu te veut ! Va où t'attendent les âmes ! Va où le Christ Jésus te prépare la palme glorieuse !

La navigation sera longue, mouvementée, pénible : On dirait vraiment que le démon essaie de barrer le passage à ceux qui vont là-bas détruire son vieil empire d'idolâtrie, de luxure, de cruauté. Bref, après onze mois de navigation, après des épreuves de toutes sortes, sans que nos missionnaires sachent trop où aborder et par où commencer la sainte besogne, même après plusieurs essais infructueux de descente sur plusieurs points de l'Océanie, la main de Celui qui dirige tout conduit le navire devant un groupe d'îles, parmi lesquelles Futuna. Comme des conquérants se partageant un empire, comme les apôtres à l'origine se partageant le monde, les nouveaux apôtres se partagent l'archipel : au père Chanel échoit l'Ile de Futuna...

Futuna était un nom redouté des marins. On se racontait que récemment encore les cannibales de Futuna dévorèrent jusqu'au dernier les dix-huit cents habitants d'un îlot voisin, Alofi ; on racontait qu'un des chefs mangea sa propre mère. Eh bien ! c'est là que, le 7 Novembre 1837, Chanel débarque, seul, avec le frère coadjuteur, Marie Nizier ; et le navire remet à la voile...

Mes frères, pareille scène fait frissonner mon âme ; je ne connais rien de plus sublime... Fernand Cortez, dit-on, débarquant sur la côte du Mexique, fit brûler ses vaisseaux, pour bien montrer à ses compagnons qu'ils avaient à vaincre ou à mourir : l'histoire admire cette héroïque audace. Qu'est-ce cela comparé à ceci ? Un pauvre missionnaire, seul dans une île inconnue, seul devant des sauvages, seul avec un pauvre frère lai, sans armes, sans argent, sans prestige humain !... Il ne se demande même pas où il trouvera gîte et nourriture. Il a Jésus-Christ, sa croix, son amour au cœur, la passion de se donner : Jésus lui suffit : *tanquam nihil habentes, et omnia possidentes* (1). Quant à toi, île de Futuna, « tressaille

(1) 2, Cor. 6-10.

« aujourd'hui, et sois dans l'allégresse : *exultet* « *terra et lœtentur insulœ* (1) ; voici que la lumière « arrive, la gloire du Seigneur a brillé sur toi », *quia venit lumen tuum et gloria Domini super te orta est* (2).

Et le missionnaire prend possession de son île au nom de Notre-Seigneur Jésus-Christ, au nom de la Sainte Vierge dont il fixe la médaille au tronc d'un cocotier. Avec quel saint transport il colle ses lèvres sur le sable du rivage ! « Cette terre est à moi ! » s'était écrié Guillaume-le-Conquérant, alors que débarquant sur la rive anglaise, il venait par mégarde de tomber la face contre terre. « Cette terre est à Jésus-Christ et à Marie ! » dit le conquérant des âmes. Et aussitôt, de se mettre à l'œuvre.

Quelle œuvre ! quelle besogne ! besogne surhumaine qui exige toutes les énergies de l'homme, toute la foi de l'apôtre, toute l'assistance de Notre-Seigneur Jésus-Christ !... Apprendre la langue des naturels, sans livre, sans grammaire ; s'acclimater à ces mœurs étranges, à cette nourriture fade, insuffisante, à cette case de bambous, où un tronc d'arbre sert d'oreiller, et pour parquet, des cailloux aigus ; supporter ces sauvages, vrais enfants insupportables, curieux et cupides, soupçonneux et grands batailleurs. « Et toutes ces misères, nous dira notre « apôtre après le grand apôtre saint Paul, je les

(1) Ps. 96-1.
(2). Is. 60-1.

« supporte pour eux, pour ces pauvres frères, afin « qu'à leur tour ils parviennent au salut qui est « dans le Christ Jésus ; » *Ideo sustineo omnia propter electos, ut et ipsi salutem consequantur quœ est in Christo Jesu* (1).

Son épreuve, à cet apôtre, sa douleur, c'est de ne pouvoir rien faire dans l'attente de l'heure de Dieu : grande épreuve, poignante douleur !... Il est dit de saint Paul à Athènes, qu'il sentait en lui frémir son âme, en voyant cette belle cité en proie à l'idolâtrie : *Incitabatur spiritus ejus in ipso, videns idololatriæ deditam civitatem* (2). — Et Chanel ? quoi ? sous ses yeux, une monstrueuse idolâtrie, les superstitions les plus grossières, le culte des fétiches, c'est-à-dire, du démon : et il faut qu'il attende !... « Dieu m'est témoin : si vous saviez, chères âmes, « combien je vous désire dans les entrailles du « Christ Jésus !... » *Testis enim mihi est Deus, quomodo cupiam vos in visceribus Christi* (3). Son refuge, alors, sa consolation, son espérance, c'est la prière ; c'est son chapelet, son crucifix ; c'est le saint sacrifice, qu'il célèbre dans sa case sur un petit autel en bois brut. Quand il élève vers le ciel le sang eucharistique, avec quelles ardeurs de foi et de piété, s'identifiant avec le Christ crucifié, il conjure la divine Victime, morte pour tous, de laisser tomber quelques gouttes du sang rédempteur

(1) 2, Tim. 2-10.
(2) Act. 17-16.
(3) Philipp. 1-8.

sur cette terre idolâtre et sur ses pauvres habitants ! Il l'offre pour eux à la Miséricorde infinie ; pour eux il s'offre lui-même : « Seigneur ! s'il ne faut que des « souffrances pour les gagner à vous, me voici ! « s'il ne faut que du sang, vous savez bien que tout « le sang de mes veines vous appartient, et qu'il « est prêt à être répandu pour votre saint service ! « Seigneur ! je me livrerai moi-même pour eux : « *superimpendar ipse pro animabus* (1) ».

Trois années, bien longues, se passent ainsi, à peine encouragées par les dispositions assez bonnes du roi de Futuna, à peine consolées par un commencement de catéchisation de quelques catéchumènes, par le baptême de quelques petits enfants mourants, chers anges qu'il envoie au paradis prier pour leurs malheureux parents. Il semait en silence, en patience, arrosant de prières et de larmes l'ingrat sillon. « Je suis, écrivait-il, un serviteur inutile !... » Non, Chanel, vous n'êtes pas un serviteur inutile : vous semez : d'autres recueilleront !... *alius est qui seminat, et alius est qui metit* (2).

Tant de patience attendait une récompense. La récompense, la voici, telle que la désire l'apôtre : voici venir la persécution, soulevée par Satan. On conçoit que Satan ne se rende pas sans combat.

D'abord Satan inspire au roi futunien de la défiance à l'endroit des étrangers ; le roi leur refuse les vivres, et Chanel est réduit à cultiver un coin de

(1) 2, Cor, 12-15.
(2) Joan. 4-37.

terre sous le soleil ardent du tropique : ses bananes à peine mûres, les naturels mettent le jardin au pillage : c'était la famine. « Des aliments et de quoi « nous couvrir, il ne nous en faut pas davantage », disait saint Paul à son disciple Timothée : *habentes autem alimenta, et quibus tegamur, his contenti sumus* (1). Le Père Chanel n'a pas même de quoi manger : des fruits de rebut entamés par la dent des sauvages, quelques petits poissons crus, et — pourquoi ne le dirais-je pas ? — des vers blancs recueillis sous l'écorce des arbres, telle est maintenant sa nourriture ordinaire. Souvent la fièvre le dévore. Quant au vêtement, sa soutane tombe en lambeaux ; de ses souliers plus un débris ; ses pieds se déchirent et s'ensanglantent sur le corail qui forme le sol de Futuna : « Mon Dieu, écrivait-il sur « son journal, mon Dieu, donnez-moi la patience ! » — O saint homme ! il faut de la patience pour produire du fruit : c'est la loi : *fructum afferunt in patientia* (2). Vous avez lu le récit des épreuves de saint Paul : « Dans le travail et dans l'angoisse, dans « les veilles répétées, dans la faim et la soif, les « jeûnes nombreux, la nudité (3) ». — Mais, comme saint Paul, Chanel « surabonde de joie au sein de « ses tribulations (4) ». — Qu'il est content de cette pauvreté, de cette nudité, de ces souffrances, qui

(1) 1, Tim. 6-8.
(2) Luc. 8-15.
(3) 2, Cor. 11-27.
(4) 2, Cor. 7-4.

le font entrer en si grande ressemblance avec son Maître ! Alors vraiment il peut dire : « Le Christ est « ma vie ! » Bientôt il va pouvoir ajouter : « Et « mourir m'est un gain ! »

Car l'orage se forme dans l'ombre et grossit. Habilement travaillé par certain ministre, appelé Musumusu, exaspéré par le nombre croissant de ceux qui ouvrent l'oreille à la nouvelle doctrine, le roi de l'île se laisse persuader que son autorité est en jeu, que son prestige de chef religieux, de « taber- « nacle de la divinité » est en question. Un dernier conseil est tenu : « Qu'on fasse périr le prêtre, crie « Musumusu ! lui mort, mourra sa religion ! »

C'était la sentence du martyre.

Mes frères, le monde ne change pas. Il aura toujours des Pilates, des Nérons, grands ou petits, cachés ou au grand jour. Les pensées de Dieu ne changent pas non plus. Depuis le premier jour de l'évangile, c'est un décret de la Providence, que pour annoncer Jésus-Christ les paroles ne suffisent pas. Ecoutez notre Bossuet : « Il faut quelque chose « de plus violent pour persuader le monde endurci. « Il faut lui parler par des plaies, il faut l'émou- « voir par du sang : et c'est à force de souffrir, « c'est par les supplices, que la religion chré- « tienne doit vaincre sa dureté obstinée ». Ainsi Jésus-Christ a-t-il fait : « Méprisé et abandonné « pendant tout le cours de sa vie, il commence à « régner après qu'il est mort... Sa force de per-

« suader était en son sang répandu, et dans ses « cruelles blessures (1) ».

Oui, le sang est la parole à sa plus haute puissance.

Donnez donc du sang, Bienheureux Chanel ! Voici l'heure venue où votre sang va se mêler au sang de Jésus-Christ ! Voici l'heure où, après avoir vécu de lui et pour lui, vous allez mourir pour lui. Préparez-vous donc au sacrifice ; ô prêtre, ô apôtre, l'holocauste vous attend !...

La victime est préparée déjà ; elle a été avertie...

C'est au matin du 28 avril 1841. Suivant sa sainte habitude, déjà Chanel a fait sa méditation, récité son bréviaire, célébré la sainte messe. O dernière messe d'un martyr ! O sacrifice mystique qui précède la messe sanglante ! O dernière communion avant le combat ! Comme Jésus, le souverain Prêtre, dut vous bénir ! Comme les anges durent se presser autour de cet humble autel et de ce prêtre prédestiné !...

Et maintenant, chrétiens, recueillons-nous, ainsi que nous nous recueillons, le Vendredi-Saint, quand l'officiant dit à l'autel : *Passio Domini nostri Jesu Christi.* Recueillons-nous : Voici de nouveau la Passion de Notre-Seigneur Jésus-Christ, dans la personne de son disciple. Recueillons-nous pour voir, pour entendre comment un saint sait souffrir, comment il meurt pour son Dieu et pour les âmes.

Aussi bien les bourreaux arrivent. Le père Chanel est seul, dans son petit jardin : le frère Nizier est

(1) Bossuet, panégyrique de saint Paul, 2e partie.

parti pour un point éloigné de l'île. Il est seul l'athlète du Christ !... Quand Ignace d'Antioche parut dans le Colisée, cent mille spectateurs étaient là, criant : « Ignace aux bêtes ! » Là aussi, les chrétiens de Rome qui, de leurs regards, de leurs prières, assistaient et encourageaient l'héroïque témoin du Christ. Ici, personne pour encourager Chanel ; personne pour applaudir à son triomphe : le combat suprême n'aura d'autres témoins que le Christ et ses Anges...

Les bourreaux demandent hypocritement des remèdes au Père : il rentre dans sa case : déjà elle est au pillage. Et le chef des meurtriers donne le signal. Un coup de casse-tête fracasse le bras du martyr ; un autre le frappe à la tempe, un autre lui enfonce sa lance dans le côté ; le sang jaillit et couvre la victime.

La victime comprend que l'heure est venue : *sciens quia venit hora ejus* (1). Son âme, dans un élan suprême de foi et d'amour, s'élance vers Jésus : « Maintenant, peut dire Chanel, comme saint Ignace « marchant au Colisée, maintenant je commence « vraiment à être le disciple du Christ ! » *nunc incipio esse discipulus Christi* (2). Quel triomphe intime de sentir couler son sang, de trouver sur lui cette sanglante impression de la Croix ! Comme saint Etienne, fracassé sous les pierres, Chanel mutilé et broyé les yeux en haut, *intendens in cœlum*, voit les cieux ouverts, et Jésus lui tendre la main : *ecce video cœlos apertos et Filium hominis stantem* (3)... Et un

(1) Joan. 13. 1.
(2) S. Ignat. Ant. epist. ad Romanos.
(3) Act., 7. 55.

seul mot s'échappe de sa bouche : « Ceci est bien « pour moi...» *Et mori lucrum*. C'en est fait, le chef des bourreaux, Musumusu, trouve dans un coin de la case une herminette ; il s'en empare, bondit sur la victime, lui fend le crâne... « tout est consommé », comme au Calvaire. Et pour que la ressemblance soit achevée, au Calvaire la terre a frémi de terreur, le firmament s'est voilé ; ici, le tonnerre retentit dans un ciel serein et frappe d'épouvante les bourreaux.

Et maintenant, « Dieu est glorifié » dans son serviteur : *et Deus clarificatus est in eo* (1). « La passion des martyrs est le triomphe de Dieu ! » *passio martyrum, triumphus Dei est* (2). Entonnons à la Majesté de Dieu, Père, Fils, Saint-Esprit, l'hymne de louange que chantent au ciel « le chœur glorieux des apôtres et la blanche armée des martyrs.» *Te gloriosus apostolorum chorus, te martyrum candidatus laudat exercitus* (3). Vous, apôtres, confesseurs, ouvrez vos rangs ; vous, anges du Seigneur, tressez une nouvelle et radieuse couronne ; et vous, légion glorieuse des martyrs, faites retentir là-haut le chant des grands triomphes !... Un apôtre, un confesseur, un martyr, vous arrive : l'église militante vous l'envoie. Voyez ses membres fracassés, son corps percé de coups de lance, sa tête fendue : *his plagatus sum* (4), sa robe

(1) Joan. 13. 31.

(2) S. Hieron., epist. 8 ad Hebidiam.

(3) Hymne du *Te Deum*.

(4) Zachar. 13. 6.

sacerdotale « lavée dans le sang de l'Agneau (1). » Il est bien des vôtres !...

Et vous, ô Bienheureux Chanel ! montez, l'auréole au front, prenez place dans les rangs de vos millions de devanciers qui furent en terre les témoins du Christ Jésus !... Durant votre vie d'ici-bas, vous n'aviez cessé de dire : « Ma vie est le Christ, et mourir « m'est un gain. » — « Il m'est bon de mourir, » disiez-vous en mourant. Eh bien ! oui, *mori lucrum*. La mort vous est un gain : elle vous donne Dieu, Jésus-Christ, le ciel... pour toujours. Ah ! c'est un beau gain, que de gagner le paradis, que de voir éternellement Dieu dans le face à face de sa gloire, que de resplendir à jamais des splendeurs du Christ ressuscité !...

Mori lucrum. Votre mort, ô Chanel, est un gain pour l'Eglise. Une fois de plus, elle montre, avec une sainte fierté, à ses amis et à ses ennemis, l'héroïsme de ses enfants. Elle montre que le sang du martyre n'est pas tari dans ses veines ; hier encore, une lettre d'un missionnaire de ce diocèse nous faisait tressaillir au récit de la mort endurée pour le Christ par plusieurs néophytes dans une des profondeurs reculées de la Chine (2). Elle montre enfin, l'Eglise, comment elle sait honorer ceux qui s'immolent à ses saintes causes : pendant que le ciel

(1) Apoc. 22. 14.

(2) Lettre du R. P. Pierrès, des Missions étrangères, à Monseigneur l'Evêque de Saint Brieuc, datée de Tchong Kin Fou, 25 août 1890. (Voir *Semaine Religieuse*, n° 44).

pour auréole leur donne des miracles, elle leur donne pour piédestal, des autels !...

Mori lucrum. Votre mort, ô Chanel, un gain pour l'évangile : le sang répandu est la plus puissante démonstration de la vérité et une victorieuse prédication. Qu'on nous montre donc un de ces philosophes de nos jours, allant pour son système recevoir des coups de casse-tête et se faire tuer par des sauvages sur un îlot de l'Océanie !

Mori lucrum. Votre mort, ô Chanel, un gain pour votre cher Futuna. « Vous n'aviez rien fait », pensiez-vous. Voyez, au lendemain de votre martyre, l'île entière tomber entre les bras miséricordieux de Jésus ; et la grande miséricorde, c'est la conversion de l'assassin lui-même, Musumusu : Quelle conquête !... Comme saint Etienne, vous avez prié pour votre bourreau et pour vos persécuteurs ! Et aujourd'hui, du sein de votre béatitude, vous voyez la chrétienté de Futuna, fervente à l'envi des plus ferventes chrétientés de la primitive Eglise.

Mori lucrum. Votre mort, ô Chanel, un gain pour l'Océanie. « L'Eglise catholique a été fondée dans le « sang des martyrs (1) ». Pour fonder cette jeune Eglise de l'Océanie, il faut du sang : j'ose dire qu'il n'en peut être autrement. O terre océanienne qui as bu le sang de Chanel, garde-le précieusement : semence divinement féconde, il va bientôt en sortir une moisson splendide. Voyez, mes frères, à ces murs de la cathédrale les écussons appendus des

(1) Hugo, card. super psalm. 43.

évêques de l'Océanie : trois vicariats apostoliques et deux diocèses où est plantée, où grandit la foi catholique avec des épanouissements pleins des plus riches espérances : parmi eux celui de Christchurch, dont nous vénérons ici le gracieux Evêque et le vaillant apôtre. Voilà l'œuvre de cinquante années à peine, voilà la moisson du martyr de Futuna !...

Mori lucrum. Votre mort, ô Chanel, un gain pour votre bien-aimée Société de Marie. O mes Révérends Pères ! soyez heureux ! sur vous repose donc l'esprit du martyre. La pompe sanglante et glorieuse de votre Bienheureux, est votre gloire, votre bénédiction, votre fécondité. Que de vocations généreuses elle a suscitées ! J'en atteste, au besoin, tant de bretons, mes frères dans le sacerdoce, qui, volant sur la trace de Chanel, évangélisent aujourd'hui les îles océaniennes, pour votre honneur, pour l'honneur de Jésus-Christ et de son Eglise, et pour l'honneur de la France !...

Mori lucrum. Votre vie et votre mort, ô Chanel, un gain pour nous, fidèles du vieux monde, parce qu'elles nous donnent à tous un éloquent et salutaire exemple. Pendant que tout menace de crouler autour de nous, voici que la mollesse envahit les âmes ; notre foi s'affadit ; on ne comprend plus Jésus pénitent, pauvre, crucifié. Mes frères, regardons le Bienheureux Chanel : ô tortures ! ô martyre ! nous vous proclamons la gloire de notre religion, et nous ne voulons pas boire une goutte du calice ! Elevons nos âmes, et que la leçon qui nous est donnée aujourd'hui, fasse passer en elles les saintes énergies de la foi, de l'amour de Dieu, de la vraie vertu, au besoin, du sacrifice...

Mori lucrum. Enfin, ô Chanel, ces fêtes seront un gain pour nous : elles appellent votre puissante intercession sur tous ceux que réunit aujourd'hui votre éloge, *prœsentem catervam in tuis hodie laudibus congregatam* (1), sur ces pontifes, sur ce clergé, sur ces fidèles, sur les familles, sur les enfants.

Bienheureux Chanel ! priez pour nous : *Ora pro nobis.*

(1) Off. eccl. 3 maii.

PANÉGYRIQUE

DU

BIENHEUREUX PIERRE-LOUIS-MARIE CHANEL

PRONONCÉ

à la Cathédrale de Saint-Brieuc

LE 15 NOVEMBRE 1890

Par M. l'Abbé A. DUBOURG

VICAIRE GÉNÉRAL, ARCHIDIACRE DE SAINT-BRIEUC.

PANÉGYRIQUE

PRONONCÉ

Par M. l'Abbé A. DUBOURG

VICAIRE GÉNÉRAL, ARCHIDIACRE DE SAINT-BRIEUC

LE 15 NOVEMBRE 1890.

Dicit matri suæ : Mulier, ecce filius tuus.

Le Sauveur dit à sa mère : Femme, voilà votre fils.

(JOANN. XIX, 26).

MONSEIGNEUR (1),
RÉVÉRENDISSIME PÈRE ABBÉ (2),
MES FRÈRES,

Il y a un an, presque à pareil jour, Rome, la capitale et la reine du monde catholique, était témoin d'une de ces scènes grandioses qui laissent après elles d'ineffaçables souvenirs. L'Eglise, par l'organe

(1) Monseigneur Fallières, évêque de Saint-Brieuc et Tréguier.

(2) Le T. R. P. Bernard, Abbé de la Trappe de Thymadeuc, né à Cesson, paroisse comprise dans la commune de Saint-Brieuc.

de son Chef infaillible, inscrivait un nouveau nom sur ses diptyques sacrés et décernait les honneurs exceptionnels de la Béatification au premier martyr de l'Océanie, au Mariste PIERRE-LOUIS-MARIE CHANEL.

Cette solennité avait revêtu un éclat incomparable. Dans l'une des salles supérieures de la Basilique Vaticane, étincelante de mille lumières, décorée avec une magnificence inusitée, se pressait une foule haletante, enthousiaste et émue.

La France était là, la France officielle, représentée par les membres de son Ambassade, mais aussi la France populaire, la France qui prie, la France qui travaille. Car Léon XIII, par une de ces délicatesses de cœur qui ne se comptent plus, avait convié à cette fête le dernier groupe de ce pèlerinage d'ouvriers, qui fera époque dans l'histoire de l'Eglise et dans l'histoire religieuse de notre pays.

Et n'étaient-ils pas là vraiment à leur place, ces deux mille ouvriers français ? C'est dans la race de ces rudes travailleurs que Dieu se plaît le plus souvent à choisir ses apôtres. De plus, ne s'agissait-il pas de glorifier un enfant de cette noble France, *Nobilissima Gallorum gens* (1), qui sera toujours la terre des âmes héroïques et des sublimes dévouements ? Et j'entends d'ici les acclamations, qui jaillirent de ces mâles poitrines françaises, quand le Pape, apparaissant dans toute la majesté de ses cheveux blancs et de sa dignité souveraine, vint épan-

(1) Encyclique de Léon XIII, commençant par ces mots si élogieux pour la France.

cher sa prière devant les reliques de leur saint compatriote, et saisi lui-même de la beauté éblouissante du spectacle, laissa échapper de ses lèvres la parole de Clovis au baptistère de Reims : « *C'est* « *vraiment le vestibule du ciel* ».

Mais il me semble, mes Frères, que la même scène se renouvelle aujourd'hui devant mes regards étonnés et ravis.

Depuis deux jours, en effet, un souffle d'enthousiasme a passé au-dessus de notre vieille cité de Saint-Brieuc. S'identifiant avec la famille religieuse du P. Chanel, dont elle apprécie de longue date les services dévoués, elle s'est levée frémissante à l'appel de son Evêque bien-aimé ; et, si elle arrive la dernière par l'ordre du temps dans ce mouvement universel de glorification et de vénération, elle tient à honneur de n'être pas la dernière par l'élan spontané et par l'ardeur enflammée de ses sentiments généreux.

Depuis deux jours, dans cette antique Basilique, rajeunie et transfigurée sous ses tentures de pourpre et d'or, prêtres et fidèles se pressent autour du premier Pasteur du diocèse. Hier il avait à ses côtés un vénérable Evêque (1), qui là-bas, dans ces contrées lointaines, suit la trace du P. Chanel ; et aujourd'hui je salue auprès de lui le Révérendissime Abbé de la Trappe de Thymadeuc, enfant de cette commune de Saint-Brieuc, qui le revoit avec bonheur et fierté. C'est un saint qui est venu vénérer un saint.

(1) Mgr Grimes, Evêque de Christchurch (Nouvelle Zélande).

Depuis deux jours, l'oreille est charmée par les accents harmonieux d'une musique céleste, les yeux sont ravis par des illuminations sans pareille et par ces peintures, éclatantes de vie, représentations parlantes du martyre et de l'apothéose du Bienheureux. Mais l'âme surtout est inondée de consolations ineffables, l'âme s'enrichit d'indulgences précieuses, l'âme ne se lasse pas de contempler les traits angéliques de Chanel rayonnant dans son cadre de lumière et de fleurs, et de prier devant ces ossements sacrés, teints du sang du martyr.

Hier un discours magistral (1) a fait palpiter vos cœurs de catholiques et de Français, et demain vous aurez la bonne fortune d'entendre la parole brillante d'un des maîtres de la chaire chrétienne (2).

Ah ! il convenait qu'il y eût un repos dans ce concert d'éloquence sacrée. Et voilà pourquoi mon humble parole a été choisie ce soir, comme pour établir une transition entre ces deux magnifiques panégyriques.

Mais en acceptant cet honneur, dont je sens tout le prix, j'ai voulu en même temps obtempérer à un désir qui m'a été exprimé et qui répond d'ailleurs aux sentiments les plus chers de mon âme. J'aurai donc surtout à cœur, en esquissant devant vous la physionomie du P. Chanel, de montrer à vos regards la

(1) M. Daniel, Archiprêtre de Saint-Sauveur de Dinan, a prononcé le premier panégyrique.

(2) Mgr Rumeau, protonotaire apostolique, vicaire général d'Agen.

figure radieuse de Marie. La dévotion à la Sainte Vierge inspirant les actes du Bienheureux à toutes les étapes de sa vie, et devenant parallèlement la source féconde de ses vertus héroïques et de sa sainteté suréminente, tel sera le sujet de ce discours. Le trait caractéristique du P. Chanel fut d'être l'enfant de Marie ; et sur sa statue on pourrait écrire, en lettres d'or, ces trois paroles significatives de mon texte : ECCE FILIUS TUUS.

I

Bossuet, parlant un jour sur la tombe d'une illustre princesse, ne trouva pas d'éloge plus magnifique à lui adresser que de dire qu'elle était « fille, femme « et mère de rois ». Marie possède des titres plus élevés à notre admiration ; car elle est fille, épouse et mère de Dieu.

Mais, dans le plan divin, une autre qualification lui a été décernée et une autre mission lui a été départie. A l'heure la plus dramatique et la plus solennelle qui fut jamais, le fils de Dieu l'a sacrée mère des hommes. Il lui a communiqué par délégation sa puissance et sa bonté. Il a voulu qu'elle servît d'intermédiaire entre le ciel et la terre et que le rôle de médiatrice suprême lui appartînt jusqu'à la fin des siècles.

Ce rôle providentiel, Marie l'exerce depuis dix-neuf cents ans. Elle réunit sur son cœur maternel ces deux extrêmes qui s'appellent le Créateur et sa chétive créature ; et quelles que soient sa déchéance et sa misère, l'homme peut dire, avec une légitime fierté : « J'ai au ciel une mère et je suis son « enfant ».

Cette vérité domine l'histoire des nations, comme celle des individus, et un regard scrutateur y découvre à chaque page l'intervention de la Vierge.

Mais, j'ose le dire avec une sorte d'orgueil national, l'action de Marie apparaît plus lumineuse qu'ailleurs dans les annales de notre patrie Française. Depuis nos pères des Gaules, érigeant dans leurs forêts druidiques des autels à la Vierge qui devait enfanter, *Virgini pariturœ,* jusqu'à notre époque actuelle, où les merveilles surnaturelles de Lourdes jettent un défi à l'incrédulité contemporaine, les témoignages de son amour éclatent à chaque pas, et la France est demeurée toujours son pays de prédilection, selon l'adage si vrai : « *Regnum Galliœ, Regnum* « *Mariœ* ».

C'est donc dans ce royaume de France « *le plus* « *beau après celui du ciel* » qu'elle est venue choisir, comme Dieu avait choisi David, celui dont nous célébrons les triomphes et à qui elle réservait de si glorieuses destinées.

Elle le fit naître au sein de cette ancienne Bresse, qu'on pouvait à cette époque appeler la Bretagne du sud-est de la France, et qui avait conservé encore intactes ses mœurs patriarcales et ses traditions chrétiennes.

Les parents du futur matyr étaient de simples villageois, pauvres des biens de la terre, mais riches des biens du ciel ; et cet aphorisme de notre vieille langue celtique n'eût pu nulle part trouver une application plus heureuse : « Les toits y sont de « chaume, mais les cœurs y sont d'or ». *Ti plous, kalon aour*.

La plus grande grâce que Dieu puisse faire à un enfant, c'est de lui donner une mère éminemment pieuse. Une mère vertueuse marque de son empreinte l'âme de son enfant, et cette empreinte est indélébile.

Chanel eut ce bonheur. Déjà avant sa naissance, sa mère l'avait consacré à Marie ; et, à mesure que s'éveillèrent les premières lueurs de son intelligence, elle s'ingénia, avec ce tact exquis, avec cette grâce riante, secret des cœurs maternels, à imprimer dans l'âme candide de son fils l'amour de Marie. Elle le faisait boire goutte à goutte le lait pur de cet amour. Elle le berçait au son mélodieux de ce nom le plus suave qui fut jamais. Elle lui enseignait qu'il avait deux mères : l'une qui lui souriait sur la terre et l'autre qui lui souriait du haut du ciel. Et le soir, c'était un tableau plein de fraîcheur et de poésie, que de voir l'enfant agenouillé avec ses frères et ses sœurs, les mains jointes, devant l'image de Marie, formant une couronne gracieuse autour de leur père et de leur mère, fidèles à cette habitude sainte de la prière en commun au foyer domestique.

Comme la famille de Perboyre, cet autre fils de la

France, béatifié le même jour, la famille Chanel comptait aussi huit enfants ; exemple particulièrement frappant, au moment où la dépopulation de la France arrache à nos économistes impuissants un cri d'alarme. Et dans ces deux familles modèles, chéries du ciel comme toutes les familles nombreuses, on verra éclore et s'épanouir plus d'une vocation religieuse. C'est la part et la dîme de Dieu, et ce choix divin est toujours pour une famille un honneur et une bénédiction.

Chanel croissait donc dans cette atmosphère de piété, tout imprégnée de l'amour de Marie.

Il avait reçu au baptême le nom de Pierre ; mais quelques années plus tard, il voulut, de sa propre initiative, y ajouter le nom de Marie, désireux ainsi d'appartenir à la Vierge par un lien plus étroit et plus intime.

Je connais un grand et saint Evêque (1) qui, après avoir reçu, comme Chanel, le nom de Pierre sur les fonts baptismaux, a eu l'heureuse inspiration d'y joindre, à son exemple, le nom de Marie, plaçant ainsi et son auguste personne et son vaste diocèse sous la tutelle de la Vierge ; et la fécondité précoce de son Episcopat proclame que ses vœux ont été surabondamment exaucés.

Dès l'âge de sept ans, Pierre gardait déjà les troupeaux dans les dépendances de la métairie paternelle. Seul, au milieu des champs, en face de la grande

(1) Mgr Fallières, Evêque de Saint-Brieuc et Tréguier.

nature, qui éveillait les harmonies de son âme, il se laissait aller à de douces rêveries dont Marie était toujours l'objectif principal, et comme ce vieux pâtre béarnais, il aurait pu dire aussi en toute vérité. « Je « *garde* mes brebis, mais je *regarde* le ciel ».

Le Breton de notre littoral peut contempler la mer avec ses larges horizons, ses falaises abruptes et ses beautés sauvages, qui rappellent la puissance et l'immensité du Créateur : *Mirabiles elationes maris.* Le jeune pâtre avait devant lui le spectacle non moins imposant des hautes montagnes, avec leurs cimes neigeuses, d'où l'on voit Dieu de plus près : *Mirabilis in altis Dominus.* D'un côté il apercevait les Alpes avec leurs chaînons de la Grande-Chartreuse, et de l'autre s'estompait au loin dans la brume la colline de Fourvières, qu'il ne voyait pas, mais qu'il devinait à l'élan de son âme embrasée ; et alors il sentait son cœur lui échapper pour saluer dans son sanctuaire la Vierge, reine et protectrice de la cité Lyonnaise.

Puis l'Angelus sonnait à la tombée du jour. Et à ce moment, pendant que le crépuscule du soir descendait lentement sur la campagne muette, on aurait pu assister à cette scène saisissante, que le pinceau magique d'un peintre Français (1) a su reproduire, dans un tableau merveilleux, avec une intensité de sentiment religieux qui excite une admi-

(1) Le tableau intitulé « *l'Angelus* » du peintre Millet, vendu d'abord à des Américains, vient d'être racheté par un Français au prix de 750,000 francs.

ration croissante. La cloche du village jetait dans le silence de la nature ses notes argentines, répercutées par les échos d'alentour, et Pierre, les yeux baissés, l'âme en haut, s'unissait à l'ange, ange lui-même, pour dire à Marie sa joie et son amour.

L'Angelus était le signal du retour. Pierre ramenait alors doucement ses brebis au bercail. Mais auparavant, il avait soin de cueillir de ses mains délicates quelques fleurs des champs, aux nuances variées. Il en formait un bouquet gracieux qu'il déposait, à son arrivée, aux pieds de la statue de Marie. C'était son tribut de chaque jour, et il s'endormait alors dans de pieuses pensées, bercé par mille songes venus du ciel. Mais les fleurs de son âme formaient un bouquet plus délicieux encore, dont le parfum montait vers la Vierge et ravissait son cœur maternel.

Or, j'en appelle, mes Frères, à votre expérience personnelle, est-ce qu'à chaque témoignage d'amour ou de confiance envers Marie ne correspond pas toujours, de sa part, une grâce particulière ? Marie ne se laisse jamais vaincre en générosité.

La récompense de ces hommages quotidiens, dictés par la piété filiale, ne se fit pas attendre longtemps.

Un jour, le long d'un sentier tracé à travers la prairie, Pierre fit la rencontre fortuite, en apparence, mais ménagée par la Providence, d'un saint prêtre M. l'abbé Trompier, curé de Cras.

Ce vénérable pasteur avait fondé dans sa paroisse deux écoles florissantes, démontrant ainsi par son exemple que le clergé Français est, en toute occurrence, l'ami de la lumière et du progrès. Mais une autre sollicitude, d'un ordre plus élevé, préoccupait son âme inquiète. Navré à la vue des misères amoncelées, de tout côté, par les discordes civiles et par les guerres étrangères, il cherchait des successeurs à ces vétérans du sacerdoce, vieillis dans l'exil, ou prématurément usés par les fatigues d'un laborieux ministère. Il avait, dans ce but, établi sous son modeste toit une école presbytérale et consacrait ses loisirs, son savoir et son cœur à l'instruction d'un groupe d'enfants, en qui il voyait poindre les signes précoces de la vocation sacerdotale.

L'air candide, la gravité douce et aimable, le maintien angélique de Pierre fut pour lui une révélation. A partir de ce jour, l'enfant occupa une place de choix dans le petit cénacle du presbytère ; et si Chanel est devenu un apôtre, un martyr et un saint, la gloire, après Dieu et Marie, en remonte à ce pauvre curé de village. O paternité, la plus auguste de toutes, qui consiste à enfanter des âmes pour le sacerdoce, je vous salue et je vous admire ! C'est ainsi que le recteur de Pleubian, Yves de Troézel, cultiva dans son germe la vocation d'Yves de Kermartin. C'est ainsi que les humbles prêtres de nos paroisses préparent des lévites pour le sanctuaire, et rendent féconde cette belle œuvre diocésaine de la *Cléricature*, remède efficace contre les entraves du recrutement sacerdotal. Saint Yves en est le premier patron. Le Bienheureux Chanel, je me permets de revendiquer pour lui ce titre, en sera du haut du ciel le deuxième protecteur.

Pierre grandissait donc ainsi, comme autrefois le jeune Samuel, à l'ombre du saint lieu, étudiant la science humaine et plus encore la science divine, s'initiant aux fonctions ecclésiastiques qui avaient déjà pour lui un particulier attrait.

Mais là, comme partout, le trait distinctif de sa vie était sa tendre dévotion à la Sainte Vierge. Il passait des heures entières devant sa statue bénie, à l'église de la paroisse. Il s'était réservé, dans le jardin du presbytère, un parterre, où il semait des fleurs, qui égayaient la maison de leurs sourires et de leurs parfums ; et les fleurs les plus riches étaient la part de Marie et servaient à orner son autel, dont elles devenaient la parure la plus éclatante.

Quand arriva le jour de sa première communion, ce jour qu'on a appelé « le plus beau jour de la « vie » et qui éveille dans nos cœurs des souvenirs si doux, Chanel ne voulut aller au Fils que par la Mère. Il se jeta entre les bras de Marie, la suppliant d'allumer dans son âme cette flamme de charité qui embrasait la sienne, quand le Verbe divin daigna s'incarner dans son sein virginal. Et le lendemain de ce jour inoubliable, où Marie l'avait conduit, comme par la main, à la table sainte auprès de son père et de sa mère communiant à ses côtés, l'angélique enfant, les larmes encore aux yeux, la joie sur le front, et l'amour au cœur, traça un plan de conduite, où nous lisons avec édification cette ligne, expression de ses sentiments les plus intimes : « J'aimerai « bien la Sainte Vierge, et désormais je réciterai « son chapelet tous les jours de ma vie ».

Ah ! c'est sans doute grâce à ce chapelet quotidiennement égrené que Pierre eut le bonheur insigne d'échapper à un péril où allait sombrer sa vocation sacerdotale.

Un jour, en effet, comme François de Sales, en proie à l'une de ces tentations de découragement que Dieu n'épargne pas toujours aux âmes les plus saintes, il se disposait à quitter le toit hospitalier de Cras et à renoncer à ses études cléricales. Son projet avait déjà reçu un commencement d'exécution, lorsqu'une femme pieuse, initiée par lui à sa résolution néfaste, lui posa cette simple question : « Pierre, « as-tu consulté la Sainte Vierge ? » Ce fut pour lui un trait de lumière. Pierre, confus, entre à l'église et se précipite aux pieds de Marie. A l'instant, son trouble se dissipe, ses angoisses s'évanouissent, le calme renaît dans son âme bouleversée, sa joie éclate et se traduit par ce mot : « Je reste ».

O Marie ! jamais votre intervention ne fut plus opportune et votre action plus miraculeuse qu'à cette heure critique ! A partir de ce moment votre enfant n'aura plus ni faiblesse ni défaillance. Entre son cœur et le vôtre, c'est désormais une union indissoluble, à la vie et à la mort. *Ad commoriendum et ad convivendum* (1).

(1) 2 Corinth. VII, 3.

De l'école presbytérale, envoyé au petit séminaire pour y achever ses humanités, et plus tard, au grand séminaire, pour y terminer sa préparation directe au sacerdoce, Pierre sentait sa dévotion envers Marie suivre une progression ascendante, à mesure qu'il approchait du terme impatiemment attendu de ses désirs.

Dès la première retraite, il prit la résolution, à laquelle il fut inébranlablement fidèle, d'offrir à Dieu, au moment du réveil, par les mains de Marie, les aspirations de son cœur et les actions de sa journée. Pratique sainte, qui devrait être la règle de toutes les âmes chrétiennes ; car elle ajoute à nos mérites les mérites de la Vierge, et, par son entremise, assure à tous nos actes ainsi surnaturalisés un accueil favorable auprès du Dieu rémunérateur !

La Congrégation de la sainte Vierge, qui exerce une influence si salutaire dans nos établissements d'éducation religieuse, ne tarda pas à le compter au nombre de ses associés les plus fervents, et il en devint bientôt l'âme et la vie. Le nom de Marie servait d'épigraphe à tous ses devoirs de séminariste ; c'était une dédicace permanente qui allait droit au cœur de la Vierge. Marie était l'objet de ses conversations habituelles ; et alors son visage se colorait, sa parole devenait plus chaude, et son âme entière passait sur ses lèvres vibrantes. Pendant les heures libres de la journée, l'on était certain de le trouver toujours aux pieds de l'autel de la Vierge ;

c'était son lieu de prédilection, c'était sa place d'honneur.

Un trait, en apparence insignifiant, nous donne la mesure de sa tendresse filiale. Un jour, s'étant fait par mégarde une incision à la main gauche, il trempa sa plume dans son sang, dans ce sang que nous vénérons à genoux et qui devait être répandu pour la grande cause de Dieu et de l'Eglise, et il écrivit avec ce sang ces paroles admirables : « *Aimer Marie et la* « *faire aimer* ».

Ah ! le poète (1) en qui vibrait naguère l'âme de la Bretagne et qui chanta sur sa lyre nos genêts d'or et notre « terre de granit recouverte de chênes », a fait buriner sur sa tombe ce beau vers exprimant, à un autre point de vue, une semblable pensée :

Il aimait son pays et le faisait aimer.

Mais Chanel avait une passion plus haute et plus sainte. Aimer Marie, Marie la reine du ciel et de la terre, Marie la mère de Dieu et des hommes, Marie à qui la confiance populaire a décerné ces titres significatifs « de Notre-Dame des Victoires, de « Notre-Dame de Bon Secours, de Notre-Dame « d'Espérance » !... L'aimer, c'est-à-dire avoir son nom gravé jusqu'au plus intime de notre conscience, la voir passer radieuse dans nos rêves enchanteurs, sentir notre cœur ne palpiter que pour elle, lui consacrer toutes les fibres de notre être, la prendre pour la « Dame de nos pensées » comme l'enten-

(1) Brizeux.

daient ces chevaliers du moyen-âge tout bardés de fer !... Et de plus, la faire aimer, c'est-à-dire nous constituer ses champions et ses apôtres, répandre autour de nous les irradiations enflammées de son amour, propager la sainte contagion de cette dévotion précieuse, conquérir les âmes à cette tendresse pure, partager avec elles ce bienfait et les amener à la connaissance de la Vierge ; car la connaître, c'est l'aimer !... Oui, voilà quel fut le programme de Chanel jusqu'au dernier soupir de sa vie. Je n'en connais pas de plus sublime et de plus beau. AIMER MARIE ET LA FAIRE AIMER !...

II

Ce fut dans ces dispositions si édifiantes que le serviteur de Marie reçut l'ordre sacré de la prêtrise des mains de Mgr Devie, d'illustre et sainte mémoire.

Je n'essaierai pas de dire l'émotion qui s'empara de son âme, les tressaillements enthousiastes de son cœur, quand prosterné sur le parvis du sanctuaire, à cette heure solennelle, il renouvela à Marie l'oblation de sa vie entière. Déjà, par une coïncidence, qui n'avait sans doute rien de merveilleux, mais qui nourrissait sa dévotion et qui lui paraissait une grâce insigne de la Vierge, il avait reçu la plupart de ses ordres dans le mois de mai, consacré à Marie. Et maintenant, le voilà promu au sacerdoce, le voilà prêtre pour l'éternité. *Tu es sacerdos in æternum.*

Sa piété ingénieuse lui révèle bientôt des traits de ressemblance, des analogies saisissantes entre son auguste profession et la mission glorieuse de Marie.

Le prêtre, en effet, n'est-il pas, comme Marie, placé en quelque sorte entre le ciel et la terre ? Le prêtre n'est-il pas, comme Marie, l'intermédiaire obligé, le médiateur attitré, le trait d'union nécessaire entre Dieu et les âmes ? Dans les mains consacrées du prêtre, comme dans le chaste sein de la Vierge, descend la Victime propitiatoire. Comme Marie, le prêtre traite d'égal à égal avec son Dieu et son Créateur. Quand le peuple tombe à genoux, le visage incliné, le prêtre seul demeure debout, le front levé, dans l'attitude du commandement. Et s'il est vrai de dire que le prêtre est un second Jésus-Christ, il est permis d'affirmer aussi, à certains égards, que le prêtre est une autre Marie...

A peine revêtu de la dignité sacerdotale, Chanel avait hâte de monter au saint autel, de célébrer sa première messe dans l'église de sa paroisse, témoin de ses effusions naïves d'enfant, et de goûter cette joie si douce au cœur d'un fils, de donner de ses mains la communion à son père et à sa mère versant des larmes d'attendrissement et de bonheur. Et plus tard, un de ses confrères dans le sacerdoce rendra de lui ce beau témoignage : « A l'autel, ce n'était « pas un homme, c'était un ange ».

Mais il avait hâte surtout de procurer un aliment

à ce zèle qui embrasait son âme ; et, si dans sa vie passée il avait exécuté la première partie de son programme : « *Aimer Marie* » ; il était impatient de réaliser la dernière : « *La faire aimer* ».

Deux postes, d'une nature dissemblable, furent assignés, à une année d'intervalle, par l'Autorité diocésaine, à son dévouement apostolique : le vicariat d'Ambérieux et la cure de Crozet.

A Ambérieux, il signala son trop rapide passage par l'introduction du mois de Marie.

Cette dévotion, aujourd'hui si populaire, accueillie avec amour par les plus modestes hameaux, comme par les cités les plus opulentes, n'était alors connue que d'un groupe restreint d'âmes d'élite. Sans doute l'Eglise, dans sa maternelle prévoyance, a échelonné le long de l'année des fêtes en l'honneur de Marie. Mais ces solennités sont trop rares au gré des fils aimants de la Vierge. Pour l'honorer, comme elle mérite de l'être, il faudrait non une vie humaine, mais l'Eternité tout entière. Du moins, pour approcher de cet idéal dans la mesure du possible, une âme saintement inspirée conçut la pensée de consacrer à Marie un mois entier, et choisit, dans ce but, le mois de l'année, où la nature, sortant de sa torpeur, revêt tous ses charmes, où la verdure est plus fraîche et le ciel plus serein, où tout renaît à la joie, à l'espérance et à la vie.

Cette inspiration était en harmonie avec les sentiments intimes de Chanel. Il décora avec splendeur la chapelle de Marie, il lui éleva un trône entouré de gracieux festons, de guirlandes de fleurs, de gerbes de lumières. Et quand, chaque soir, à l'appel de la cloche jetant dans les airs ses joyeuses volées, les fidèles accouraient en foule aux pieux exercices, le cœur du jeune vicaire débordait d'allégresse et de gratitude envers la Vierge, qui le dédommageait au centuple de ses fatigues et de ses labeurs.

A Crozet, le secours de Marie produisit des résultats plus merveilleux encore. Crozet est une paroisse assise sur la crête de la montagne, dans la situation la plus pittoresque. De ces cimes élevées l'œil embrasse un immense horizon et découvre au loin le plus magnifique panorama. Mais hélas ! l'indifférence religieuse avait étendu sur cette paroisse sa main froide et glaciale, comme les neiges qui l'entouraient, et y avait éteint toute vie chrétienne.

Le cœur navré, Chanel demanda la guérison de ce mal, en apparence incurable, à son remède habituel, à la dévotion envers Marie. Il multiplia les saintes industries de son zèle. Il distribuait à profusion ces scapulaires du Mont-Carmel, auxquels l'Eglise a attaché des grâces si précieuses ; il eût voulu en revêtir comme d'une armure ses paroissiens récalcitrants. Il suspendait au cou des enfants ces médailles de la Vierge que chacun de nous devrait serrer sur son cœur, à l'heure de la tentation et du péril, et que le soldat porte sur sa poitrine pour mieux braver la mitraille, qu'il baise avec amour quand il tombe en héros et surtout en chrétien sur les champs de bataille.

Mais il eut à cœur par dessus tout d'établir à Crozet la confrérie du Rosaire, qui paracheva la transformation complète de sa paroisse.

Le Rosaire, en effet, n'est-il pas la prière par excellence en l'honneur de Marie ? Rien n'est plus agréable à son cœur maternel que la méditation de ces mystères qui font passer devant nos yeux, comme dans un tableau vivant, les joies, les douleurs, les triomphes de la Vierge, et qui sont le résumé le plus éloquent du *Credo* catholique. Rien n'est plus suave à son oreille que la récitation non interrompue de ces *Ave Maria*. « L'amour, dit Lacordaire, n'a qu'un « mot, et en le redisant toujours, on ne se répète « jamais ». Gloire à Léon XIII, le pape du Rosaire, qui a fait de cette dévotion une institution permanente ! Il y a maintenant un mois du Rosaire, comme il y a un mois de Marie. Et si le Rosaire fut pour saint Dominique l'épée de l'Archange qui terrassa l'hérésie des Albigeois, j'ose le prédire, il sera l'arme puissante qui triomphera des ennemis de l'Eglise, le contre-poids de nos iniquités dans la balance éternelle et le salut de la société contemporaine.

Cependant, malgré ces consolations, l'âme de Chanel avait des aspirations ardentes vers une vie plus élevée et plus parfaite.

Depuis quelques années, une Société nouvelle, sortie du grand cœur d'un prêtre Lyonnais, avait pris naissance aux pieds de Notre-Dame de Fourvières. Un aimant irrésistible l'attirait vers cette Congrégation naissante, dont le nom souriait à sa foi et à son amour. Elle avait, en effet, écrit sur son blason le beau nom de Marie.

Une autre Compagnie, vieille par les années, mais toujours jeune par le dévouement, porte sur son étendard le nom de Jésus ; et en dépit des assauts furieux dirigés contre elle, demeure toujours, comme un arbre qui reverdit quand on l'émonde, pleine de sève et de vie, pleine de noble élans pour la cause invincible de Dieu et de l'Eglise.

La Société de Marie marche sur ses traces, rivalise de zèle pour les saints combats de la Foi et a déjà fait ses preuves dans le champ clos du dévouement et de la charité.

Chanel obtint de son Evêque la faveur qu'il ambitionnait d'entrer dans la Société nouvelle. Ou plutôt c'est la Vierge qui présenta elle-même sa requête ; et elle ne pouvait pas ne pas être exaucée. A dater de ce jour heureux, il lui sembla qu'il appartenait d'une façon plus entière à Marie et que la filiation était plus parfaite : *Ecce filius tuus.* Etre Mariste, porter sans discontinuation le nom de la Vierge, faire partie de sa famille intime, être plus près de son cœur, avoir pour profession de travailler à sa gloire, de vivre de sa vie, de mourir pour son amour !... Les martyrs de la primitive Eglise répétaient devant leurs bourreaux avec une sainte fierté : « Je suis *chré-*« *tien,* c'est-à-dire, enfant du Christ dont je porte le « nom glorieux ». Chanel, à leur exemple, pourra dire désormais : Je suis Mariste, c'est-à-dire fils de Marie, non seulement sur la terre mais dans le ciel... toujours !

La joie qu'il ressentait, en entrant dans la Société de Marie, n'était égalée que par celle que l'on avait à l'y recevoir. Déjà le renom de ses hautes qualités était parvenu jusqu'à son nouveau Supérieur, qui voulut, dès le début, utiliser ses rares aptitudes, en les consacrant à l'enseignement. Le Père Chanel devint donc successivement professeur, directeur spirituel, et supérieur du Petit Séminaire de Belley.

Dire avec quelle conscience et, par suite, avec quelle perfection éminente il s'acquitta de ces fonctions délicates, serait impossible. Il avait souci sans doute de la science humaine, — l'Eglise, sur ce terrain n'a peur de personne ; — et en se plaçant même à ce point de vue, il ne manquait pas de demander à la Religion, qui est un flambeau, la fécondité de son enseignement. La Religion dans le domaine intellectuel agrandit les horizons et élargit les perspectives, Lacordaire a dit à ce sujet une parole profonde : « L'Evangile est à la raison « ce que le télescope est à l'œil de l'homme. Il le « fait voir plus clair et plus loin ».

Mais l'âme, plus encore que l'esprit, était l'objet de ses préoccupations constantes. Dans ces enfants qui le regardaient de leurs grands yeux limpides, il voyait, comme dans un miroir fidèle, l'âme, l'âme immortelle, créée à l'image de Dieu, rachetée par le sang de Jésus-Christ, belle de cette beauté incomparable qu'entrevit sainte Catherine de Sienne dans une extase. Il cherchait alors à l'élever, selon le sens vrai de ce mot sublime « *élever* » des enfants, c'est-à-dire les porter en haut, vers l'amour de l'Eglise, vers l'amour de la France, vers tout ce qui est grand, vers tout ce qui est saint, sachant qu'une éducation sans Dieu est, par une logique inflexible, une éducation contre Dieu.

Pour atteindre ce but, pour conserver sans tache cette innocence et cette pureté, il avait une ressource infaillible, la dévotion à la Sainte Vierge. Ces enfants avaient vu leurs mères, après les embrassements de la séparation, rentrer au foyer de la famille. Mais le Père Chanel leur en donnait une autre, plus vigilante et plus affectueuse : Marie. Or l'enfant qui garde au cœur, malgré les orages des passions, le trésor de l'amour de Marie, est un enfant sauvé. *Devotus Mariæ non peribit.* Et, plus tard, quand les liens, qui l'attachaient à ce cher séminaire de Belley, seront dénoués, le futur Apôtre de l'Océanie prendra dans ses mains une statue bénite de la Vierge, et la baignant de ses larmes silencieuses et brûlantes : « O mère, s'écriera-t-il, vous savez ma « tendresse pour ces enfants que vous m'aviez « confiés, je vous les rends comme un dépôt sacré ; « gardez-les toujours sur votre sein maternel ».

Mais, sur ces entrefaites, le fondateur de la Société de Marie pensa que le moment était venu de solliciter pour elle l'approbation du Chef de l'Eglise.

Déjà, elle se recrutait d'une façon providentielle. Sans compter les prêtres qui s'enrôlaient nombreux sous sa bannière, des personnes pieuses, désireuses d'une perfection plus grande, mais retenues dans le monde par des causes diverses, s'étaient affiliées à la Société naissante, et avaient formé un Tiers-Ordre qui reçut plus tard aussi la sanction Pontificale et l'érection canonique (1). Le curé d'Ars, l'étonnement du dix-neuvième siècle, qui professait une tendre affection pour la Société de Marie, après plusieurs tentatives infructueuses auprès de son Evêque pour en devenir membre actif, voulut du moins lui appartenir par un côté et inscrivit son nom sur la liste déjà longue de ses tertiaires. C'est un grand honneur pour vous, mes Révérends Pères ; et quand l'Eglise aura placé le vénérable pasteur sur ses autels, il deviendra le patron naturel de votre Tiers-Ordre, et votre Institut comptera un saint de plus dans le ciel.

Le fondateur partit donc pour la Ville Eternelle, afin de déposer sa requête aux pieds du Vicaire de Jésus-Christ, et donna au Père Chanel cette marque suprême de confiance de le choisir pour compagnon de voyage.

Un célèbre polémiste contemporain (2) a écrit un livre intitulé : *Les Parfums de Rome.* Aux yeux du Père Chanel, sans préjudice de l'amour dévoué qu'il portait à la Chaire de Pierre, ces parfums étaient en première ligne la dévotion envers la Vierge, que l'on respire, à chaque pas, dans la capi-

(1) Il y a aussi le Tiers-Ordre régulier de Marie, dont le noviciat est à Sainte-Foy-lès-Lyon (Rhône), et qui fournit des religieuses pour l'éducation des jeunes filles indigènes de l'Océanie.

(2) Louis Veuillot.

tale de la Catholicité. Et il sentait son cœur se dilater dans ces sanctuaires si nombreux érigés par la piété des Romains à la gloire de Marie et devant ces *madones* qui se dressent partout à l'angle des maisons comme pour en être les gardiennes bénies.

Mais ces parfums embaumèrent davantage encore son âme, quand son itinéraire le conduisit à Lorette. Ses regards ne pouvaient se détacher de cette maison miraculeuse transportée là sur l'aile des anges, de cette *Santa Casa* où s'est accompli le mystère adorable de l'Incarnation, où le Verbe s'est fait chair, *Verbum caro factum est*. Et son enthousiasme éclata surtout et son émotion fut au comble, lorsqu'il lui fut donné de coller ses lèvres sur les traces des pieds de Marie et de réciter l'*Ave Maria* à la place même où l'archange Gabriel l'avait saluée dans la langue du ciel.

L'action visible de Marie facilita les négociations et amena, avec une promptitude inespérée, la solution attendue. Moins de trois ans après ce voyage privilégié, le Père Chanel eut la joie indicible d'apprendre, coup sur coup, que la Société de Marie était solennellement approuvée par le Pape Grégoire XVI, que l'Océanie occidentale était assignée comme un vaste champ au zèle apostolique de la Congrégation nouvelle, et que, désigné personnellement par son Supérieur, il était compris dans le premier départ. Il tomba alors à genoux, un *Magnificat* brûlant s'échappa de son cœur et monta vers le cœur de Marie. Les rêves de sa vie entière étaient réalisés. Le voilà missionnaire, en attendant qu'il ne soit martyr !...

III

Vous avez lu, mes Frères, avec des larmes dans les yeux, le récit de cette scène touchante du départ, qui se renouvelle chaque année au Séminaire des Missions Etrangères. Les jeunes missionnaires sont là rangés sur deux lignes, ayant sur le front ce calme et cette sérénité des âmes fortes et vaillantes. Les assistants, — et dans le nombre se trouve souvent un père, vénérable vieillard, qui donne à Dieu avec générosité son fils, le bâton de sa vieillesse, l'orgueil et la couronne de ses cheveux blancs, — les assistants viennent, se mettent à genoux et baisent avec respect les pieds des intrépides apôtres qui s'en vont au loin évangéliser la paix. *Evangelizantium pacem.*

Nous allons être les témoins attendris de spectacles non moins émouvants.

Pierre Chanel aimait d'un tendre amour sa vieille mère : il ne voulut pas quitter le pays natal sans la presser une dernière fois sur sa poitrine. Pauvre mère ! Elle ne se doutait pas qu'elle ne reverrait plus sur la terre son enfant bien-aimé ! Mais quelle allégresse, lorsque dans les splendeurs des cieux, elle vit apparaître ce fils de sa tendresse, couronné du nimbe glorieux et de l'auréole resplendissante des martyrs et des saints !...

Il pria longuement aussi sur la tombe fraîchement creusée de son père, que la mort avait trouvé plein de jours et de mérites, comme les patriarches de l'ancienne loi, et qui laissait après lui l'édification d'une vie toute de loyauté et d'honneur. Après avoir dit adieu à sa famille en pleurs et à l'église de son baptême et de sa première communion, il considéra comme un devoir sacré d'implorer la bénédiction de son saint Evêque. Mgr Devie lui parla avec son cœur de la Vierge Marie, et en l'embrassant avec effusion, il lui adressa ces paroles qui, à elles seules, sont le plus magnifique des éloges : « Mon enfant, votre « départ est le premier chagrin que vous ayez « causé à votre Père ».

Du palais Episcopal, il se rendit auprès de l'une de ses sœurs qui avait pris le voile dans le monastère du *Saint Nom de Marie*. Marie était partout mêlée à la trame intime de la vie de cette famille véritablement bénie du ciel. Ce fut la rencontre renouvelée de saint Benoit et de sainte Scholastique ; et dans ce doux entretien qu'il fallut aussi abréger, le frère et la sœur parlèrent de Dieu et de Marie, comme en parlent les Saints.

Son dernier adieu fut pour le sanctuaire de Notre-Dame de Fourvières, berceau de la Société de Marie. Il suspendit au cou de l'enfant Jésus, que la Vierge tient entre ses bras, un cœur en vermeil, contenant les noms et les actes de consécration des missionnaires partants. Ces noms pouvaient-ils être mieux placés que sur les cœurs à la fois de Jésus et de Marie ?

Quelques jours après, le navire qui portait à son bord le Père Chanel et ses compagnons, levait l'ancre, quittait, voiles déployées, le port du Hâvre et gagnait rapidement la haute mer. Les sinuosités de la côte disparaissent peu à peu dans la brume. Ah! c'est une minute poignante dans la vie. C'est le vide qui se fait autour de nous. C'est la patrie, dont le nom fait battre le cœur, qui disparaît à l'horizon. France, terre bien-aimée, je ne te reverrai jamais !...

Ces sentiments remplissaient l'âme attristée du missionnaire. Mais ils faisaient grandir en même temps son amour et sa confiance en Marie. Suspendu entre le ciel et l'abîme, sentant davantage l'impuissance et le néant de l'homme, il entonna avec l'élan de son cœur cette hymne de la Vierge, dont les strophes vinrent se mêler, comme une même prière, au murmure des flots : « *Salut, étoile de la mer,* « *Ave Maris Stella* ».

Marie ne fut pas sourde à ces supplications. Après de longs mois de navigation, les saints Missionnaires pénétrèrent enfin, à travers des écueils et des périls sans nombre, dans cette Océanie lointaine, but de leur voyage.

Déjà, dans plusieurs de ces îles, découvertes par les Cook, les Bougainville, les La Pérouse, les Dumont-d'Urville, et particulièrement dans l'île de Taïti, « cette perle du Pacifique », les religieux des SS. Cœurs de Jésus et de Marie, plus connus sous le nom de Pères de Picpus, avaient jeté les premières semences de la foi et fondé des chrétientés florissantes.

Les Maristes, envoyés du Saint-Siège, allaient suivre

leur exemple et faire revivre dans ces Archipels, aux antipodes de l'Europe, les merveilles réalisées jadis au Paraguay par la Compagnie de Jésus.

Partout où il y a à accomplir une œuvre de progrès et de moralisation, vous trouvez la main de l'Eglise. Mais je n'hésite pas à dire que vous y trouvez aussi la main de la France. La France, — puisse-t-elle ne jamais déchoir de sa mission glorieuse! — est dans le monde le paladin et le soldat de Dieu. Sur tous les points du globe, dans les régions glacées du pôle, comme sous les chaleurs torrides de l'Equateur, aux extrémités de la Chine, comme sur le bord des grands lacs Africains où ont pénétré les Pères blancs du Cardinal Lavigerie, partout vous rencontrez ces admirables filles, avant-garde de la France, qui s'appellent les Sœurs de Saint-Vincent de Paul, de Saint-Joseph de Cluny, de Saint-Paul de Chartres, des Missionnaires de Marie, les Petites Sœurs des Pauvres, partout vous rencontrez des religieux Français, ayant au cœur deux amours, celui de Dieu et celui de leur patrie, propageant l'influence de la France, faisant bénir son nom et joignant à la prédication de l'Evangile l'enseignement de la langue Française, la plus belle que l'homme ait jamais parlée. Et si le pavillon national flotte aujourd'hui sur quelques-unes de ces îles de l'Océanie, l'honneur en revient — ce qu'on ne sait peut-être pas assez — aux Maristes, pionniers de la civilisation, conquérants pacifiques qui portaient dans une main le drapeau de l'Eglise et dans l'autre le drapeau de la France.

Chanel ne s'attarda pas à Taïti, où les Pères de Picpus lui offrirent une fraternelle hospitalité. Il était impatient de dépenser ses forces et sa vie pour le salut de ces pauvres âmes qu'il aimait avec plus de passion, à mesure qu'il s'approchait davantage de leur lointain pays.

La navigation est extrêmement périlleuse autour de ces îles de la Polynésie. Emergeant des flots, comme des corbeilles de verdure, elles sont environnées de bancs de corail aux reflets d'émeraude, végétation animale, travail des siècles, qui leur servent de ceinture et de défense naturelles.

Par la protection de Marie, le Père Chanel triompha de ces derniers obstacles; et le douze novembre 1837, débarqué dans l'île de Futuna avec le Frère Marie Nizier, il voyait disparaître sous son sillage d'écume le navire qui était encore comme un prolongement de la patrie et qui emportait ses dernières espérances humaines.

Le voilà donc seul, avec un unique compagnon, sur cette plage inhospitalière ! Oh ! vous êtes-vous fait une idée fidèle de l'horreur de sa situation ? Cinq mille lieues le séparent de son pays de France. Il est livré aux hasards et aux périls de l'inconnu. Il faut qu'il apprenne, sans secours humain, une langue barbare, dont il ne connaît pas les premiers éléments. Il faut qu'il soit en contact quotidien avec des sauvages aux instincts pervers et dont le tatouage grossier soulève le dégoût. Il faut qu'il les traite en frères et qu'il les gagne à Jésus-Christ.

Accoutumé aux délicatesses de la vie, il n'aura désormais pour lit qu'une pauvre natte ou la terre nue, et pour habitation qu'une misérable case de bambou. Il faut qu'il plie son estomac réfractaire et son tempérament si frêle à une alimentation répugnante : terrible contraste, mes Frères, avec toutes nos habitudes raffinées de luxe, de mollesse et de sensualité. Aussi, c'est bien à partir de ce jour qu'a commencé son martyre, et si, dans cette passion douloureuse il ne versait pas encore le sang de ses veines, il répandait, par tous ses pores, le sang de son âme. Ah ! la charité catholique est à la hauteur de tous les sacrifices ; et quand le devoir parle, elle ne recule jamais !...

Est-ce que les échos des feuilles publiques n'ont pas apporté récemment à vos oreilles le nom de ce P. Damien, dont l'héroïsme a excité un long cri d'admiration jusque dans la protestante Angleterre. Le P. Damien, sur sa demande, a passé seize ans de sa vie au milieu des lépreux d'une ile aussi de l'Océanie, de l'ile de Molokaï, connaissant d'avance ce mal abominable qu'on ne connait plus en France que d'après les récits du moyen-âge, sachant qu'il le contracterait infailliblement, que vivant il verrait son corps tomber en lambeaux ; et il succombait l'an dernier, victime, — ce n'est pas assez dire, — martyr de son dévouement.

Le Père Chanel, lui, avait à lutter contre une autre lèpre, non moins difficile à guérir, la lèpre de l'ignorance, de la superstition et de la barbarie.

Je disais tout-à-l'heure qu'il était seul pour entamer et pour soutenir cette lutte gigantesque. Je me trompais, il avait avec lui Marie ; et avec Marie on ne perd jamais la bataille. Marie réconfortait son cœur, retrempait son énergie, et au milieu de ces privations effroyables, sur les ruines de son corps exténué, l'âme du Missionnaire demeurait debout, comme Marie était demeurée debout aux pieds de la croix. *Stabat Mater dolorosa.*

Son premier acte, en débarquant sur ce rivage de Futuna, avait été de se jeter à genoux et de consacrer l'île à la Reine des Cieux.

Christophe Colomb, abordant à l'île de San-Salvador, y planta la croix et en prit possession au nom du Christ Sauveur. Ici, la prise de possession solennelle se fait au nom de la Vierge ; et en souvenir de cet acte, et en signe de cette consécration, le Père Chanel suspend à un arbre de la rive la médaille miraculeuse. Désormais, Futuna est l'île de Marie.

Dès que s'ouvrent devant ses patientes études les arcanes de cette langue Polynésienne, la première prière murmurée, le premier cantique composé par le saint Missionnaire, est un hymne en l'honneur de Marie. Oh ! que ce dialecte Futunien dût paraître mélodieux et suave à l'oreille de la Vierge !

Quand Dieu lui fait la grâce, trop rare à son gré, de verser l'eau sainte du baptême sur un front de catéchumène ou d'enfant, le nouveau baptisé reçoit invariablement pour deuxième nom celui de Marie ; et si, comme un ange, il s'envole au ciel, le Père

Chanel le charge d'être auprès de la Vierge le sauveur de ses frères.

Le mois de Marie, il trouve le moyen de le célébrer avec toute la pompe que lui permet sa pauvreté, et il écrivait, avec cet accent de douce gaieté qui ne le quittait jamais, ces lignes charmantes : « Ici nous « ne sommes que deux pour faire le mois de Marie ». Qu'importe, ô Bienheureux Chanel, vos deux âmes en valaient mille ; et ce petit mois de Marie d'une île perdue de l'Océanie, attirait plus les regards de Dieu que ceux de nos cités populeuses, où l'ostentation et la vanité viennent trop souvent mêler leurs éléments disparates.

Enfin, chaque jour, il récitait avec une ferveur admirable le saint Rosaire, et, le soir, quelles que fussent ses fatigues, il ne s'étendait jamais sur sa pauvre natte sans avoir satisfait à ce pieux devoir. Il portait toujours enroulé autour de la main son chapelet, comme un bouclier de salut ; et, le jour de sa mort, ce chapelet, égrené si souvent, eut l'honneur de recevoir les premières gouttes du sang du martyr.

Chacun de ces *Ave Maria*, qu'il récitait, en s'en allant, pieds nus, à travers les sentiers de corail aux arêtes aigües, était un soupir de son cœur. C'était une graine qu'il semait le long du chemin. Dieu permit que cette graine demeurât longtemps stérile et inféconde. Il fallait, pour la faire lever, la rosée du ciel, c'est-à-dire le sang du sacrifice.

Cette heure solennelle est venue, mes Frères.

Nous touchons au dénouement dramatique de cette histoire, à la fois simple et merveilleuse.

Il va mourir, ce noble enfant de la France ! Il va mourir dans la fleur de ses années, comme son frère de Béatification, Jean-Gabriel Perboyre, à l'âge de trente-huit ans ! Mais ne cherchez pas ici cet appareil et cette mise en scène d'un interrogatoire et d'un supplice publics. Il va mourir d'une mort obscure et ignorée comme sa vie, comme la vie et la mort de la Vierge, sa mère. Ses meurtriers avaient l'espoir que la nouvelle de leur attentat sacrilège n'eût jamais franchi les limites de leur île. Mais ils comptaient sans ce grand justicier qui s'appelle *la Marine Française* ; et, chose étrange et particulièrement intéressante pour nous, mes Frères, c'est un médecin de Saint-Brieuc, le docteur Rault, qui, à bord de la corvette l'*Allier*, recevra la mission officielle de recueillir la dépouille mortelle du martyr et d'en faire l'examen médical.

Il va mourir, immolé non en haine de sa propre personnalité. Car ses ennemis rendent un hommage inconscient à ses hautes qualités, en l'appelant : « L'homme à l'excellent cœur ». Or le plus bel éloge que l'on puisse décerner à son semblable, n'est-ce pas de dire de lui : « C'est un noble cœur » ?

Il va mourir, immolé en haine de la religion dont il est le ministre ; et c'est ce qui constitue le signe caractéristique et l'essence même du martyre. En tuant l'apôtre, on croit tuer la religion. Mais le tonnerre, qui va retentir soudain, et la conversion miraculeuse de l'île seront bientôt la preuve éloquente que le beau mot de Garcia Moréno, tombant sous la dague des sicaires, sera éternellement vrai : « Dieu ne meurt pas ».

Une horde de sauvages se ruent sur l'innocente victime. Vous allez, tout à l'heure, entendre leurs cris farouches dans cette cantate (1) si magistralement interprétée. Un coup de casse-tète lui fracasse le bras, qui retombe inerte et sans force. Un deuxième coup, asséné sur la tempe gauche, fait jaillir le sang avec abondance. La pointe aigüe d'une lance lui perce le côté. Enfin, le sauvage Musumusu — barbare comme son nom — brandit sa hache et achève l'immolation.

Et pendant cette agonie cruelle que se passe-t-il dans l'âme du Bienheureux ? A l'exemple de son divin Maître, il ne pousse ni une plainte ni un soupir. Il sourit doucement à la mort, et une parole seule s'échappe de ses lèvres : « *Ceci est bon pour moi* ». C'est le *bonum est* des Apôtres. Nous ne sommes pas au Calvaire, nous sommes sur le Thabor. Mais ce n'est plus Moïse et Elie qui nous apparaissent dans la nuée ; c'est Marie, c'est Marie qui vient au devant du martyr agonisant : — n'est-elle pas la reine des Martyrs ? *Regina Martyrum, ora pro nobis*, — c'est Marie qui se montre à lui dans la lumière, qui l'inonde de joies surnaturelles, qui fait briller à ses yeux la palme immortelle. Et il me semble apercevoir,

(1) Tous les soirs du Triduum, la Maitrise de la Cathédrale a exécuté l'Oratorio-Cantate composé en l'honneur du martyr, par le P. Garin, Mariste de la résidence de Valenciennes.

plus haut encore que cette toile (1) immense de l'Apothéose, Marie et son enfant glorieux qui prennent leur essor, portés sur les ailes des Anges, vers la céleste Jérusalem, comme nous le chantons dans cette semaine de la Dédicace : *Cœlestis urbs Jerusalem !* Et il me semble assister à un couronnement au ciel, pareil à celui qu'entrevit dans ses extases, et que reproduisit, à genoux, le peintre Angélique de Fiésole : représentation consolante, vision merveilleuse, dont nous voudrions, nous aussi, ne jamais détacher nos regards, à l'exemple des Apôtres au jour béni de l'Ascension. *Beata pacis visio !*

Quelle vie, mes Frères, et quelle mort !... mais aussi quel enseignement lumineux et quelles leçons admirables dans cette histoire, que je n'ai pu, hélas ! qu'ébaucher devant un auditoire, dont la sympathie et la bienveillance excitent au plus haut degré ma gratitude. C'est Marie, n'est-il pas vrai, qui nous apparaît partout dans les péripéties de ce drame, commençant dans la chaumière d'un pâtre et aboutissant au martyre. C'est Marie qui a voulu donner un nouveau témoignage de sa particulière affection à notre France bien-aimée, en appelant l'un de ses fils aux honneurs de la Béatification, qui seront suivis bientôt, nous en avons la douce espérance, des honneurs plus élevés encore de la Canonisation ! C'est Marie qui a voulu délivrer à la Société, qui est fière de porter son nom, d'impérissables lettres de

(1) Au dessus du maitre-autel était supendu un tableau mesurant 6 mètres de hauteur, représentant l'apothéose du Bienheureux.

noblesse ! Car cette tombe est un berceau. Quand se fait l'appel du nom de La Tour d'Auvergne, cet illustre enfant de la Bretagne, un soldat de son régiment a pour consigne de répondre : « Mort au champ d'honneur ». Avec plus de raison encore, les frères du Bienheureux Chanel pourront à l'avenir dire de lui, en s'inclinant avec respect : « Mort au champ d'honneur du patriotisme, de l'apostolat, du dévouement et de la charité ». C'est Marie qui a voulu, par cet exemple, nous montrer les prodiges qu'enfante la confiance en son intercession puissante et allumer dans nos âmes attiédies la flamme de son amour. C'est Marie qui a voulu nous susciter un modèle de plus sur la terre et un protecteur de plus dans le ciel. C'est Marie qui a voulu nous ouvrir une nouvelle source de grâces ; et pourquoi, devant ces reliques saintes, les miracles n'éclateraient-ils pas dans notre pays de Bretagne, si notre foi est grande, comme ils ont éclaté dans d'autres parties de la France et du monde ? Marie est médiatrice entre Dieu et l'homme ; Chanel sera désormais médiateur entre Marie et nous. En allant au cœur du fils, nous sommes sûrs d'arriver au cœur de la mère, qui applaudira avec bonheur aux effusions de notre pieuse tendresse. Nous sommes certains surtout d'atteindre ce but de nos désirs si, comme conclusion de ce discours et comme résolution pratique de ce Triduum, nous gravons dans nos âmes et si nous réalisons à jamais dans notre conduite la noble devise du Bienheureux Chanel qui doit être la nôtre : « AIMER MARIE ET LA FAIRE AIMER » !...

PANÉGYRIQUE

DU BIENHEUREUX PIERRE-LOUIS-MARIE CHANEL

PRONONCÉ

à la Cathédrale de Saint-Brieuc

LE 16 NOVEMBRE 1890

PAR MONSEIGNEUR RUMEAU

Vicaire Général d'Agen

PANÉGYRIQUE

PRONONCÉ

Par Monseigneur RUMEAU

VICAIRE GÉNÉRAL D'AGEN

Le 16 Novembre 1891

« *Quos prædestinavit conformes fieri imaginis Filii sui.* »
« Il fut un de ceux que Dieu a prédestinés à devenir les copies conformes de son divin Fils. »
(ROM.)

MONSEIGNEUR, (1)
MON RÉVÉRENDISSIME PÈRE, (2)
MES FRÈRES,

« C'est Dieu qui fait les héros et les conquérants », a dit Bossuet. C'est lui qui fait également les apôtres et les martyrs. Apôtre et conquérant, héros et martyr, c'est tout un, en effet, et dans les desseins du Très-Haut, les uns comme les autres, ne devraient-

(1) Sa Grandeur Monseigneur, l'Évêque de Saint-Brieuc et Tréguier.

(2) Le Révérendissime Père Abbé de la Trappe de Thymadeuc.

ils pas avoir le même but : propager le règne du Christ et arborer la Croix sur tous les chemins de l'univers.

Depuis l'ère fameuse où, pour parler la langue de Lacordaire, les vieux Romains, en traçant leurs voies triomphales, frayaient, sans le savoir, la route à l'Evangile et au Consul Jésus, l'Eglise ne cesse d'étendre ses conquêtes et de marquer chacune de ses étapes par le sang. Mais, même après dix-huit siècles, il faut encore au Christ Jésus de bons soldats qui meurent pour lui et pour les âmes. Or, mes Frères, soyons fiers, c'est notre terre de France, qui, plus que toutes les autres, a l'honneur de les enfanter avec une fécondité sans rivale. Oui, même au milieu des défaillances qui sont le stigmate de notre époque et de notre pays, il se trouve des âmes vaillantes, des âmes affamées de dévouement et de sacrifice, des âmes toutes pleines de Dieu et impatientes, pour son amour, de braver les supplices et la mort.

Le Bienheureux Pierre-Louis-Marie CHANEL, Prêtre de la Société de Marie et premier Martyr de l'Océanie, fut une de ces âmes qu'on ne contemple qu'à genoux, dans le sentiment d'une admiration religieuse, émue et attendrie.

On raconte d'un peintre célèbre de la fin du moyen-âge, qui fut en même temps une des gloires de l'Ordre de Saint-Dominique, qu'ayant à reproduire sur la toile les traits de certains Bienheureux, il prenait ses pinceaux d'une main hésitante et parfois découragée, tant il se reconnaissait impuissant à atteindre l'idéal de ses modèles.

Les craintes qu'éprouvait Fra Angelico de Fiesole, je les partage à cette heure. Appelé par une bienveillance, dont je sens tout l'honneur et tout le prix, à retracer devant vous cette figure, qui fut plutôt celle d'un ange que celle d'un homme, je ne me dissimule pas le péril de ma tâche, surtout après les orateurs qui m'ont précédé, et je demanderais excuse pour ma témérité, si je n'en trouvais une suffisante dans ma filiale gratitude et mon ardent amour envers cette Société de Marie, à laquelle je dois, comme beaucoup de prêtres parmi vous, la formation de mon sacerdoce.

MONSEIGNEUR,

Enfant de l'Agenais comme vous, je suis heureux et fier de vous saluer sur ce Siège de Saint-Brieuc, que vous honorez autant qu'il vous honore. En vérité, je ne sais qui je dois féliciter davantage, ou du pasteur qui a un tel peuple, ou du peuple qui a un tel pasteur. Daigne le Protomartyr de l'Océanie, à qui vous rendez, par votre présence, comme vous l'avez fait naguère par vos écrits, un éclatant hommage, bénir un épiscopat qui a déjà produit tant de fruits à une heure où il ne pouvait, ce semble, promettre que des espérances.

MON RÉVÉRENDISSIME PÈRE,

Soyez également remercié d'avoir ajouté à l'éclat de cette imposante solennité. Vous y aviez votre place marquée, et comme enfant de Saint-Brieuc, qui salue en vous une de ses plus pures gloires ; et comme élève des Maristes, qui s'honorent de vous compter parmi leurs disciples, non seulement les plus distingués, mais les plus fidèles ; et comme fils de saint Bernard, car il y a une mystérieuse parenté entre les fils de saint Bernard et les fils de Marie.

« Quand Dieu nous destine de nouveaux combats « sur la terre, a dit quelque part l'éminent cardinal « Pie, presque toujours il nous montre de nouveaux « alliés et de puissants défenseurs dans le ciel. » Et ces défenseurs, l'Eglise, qui a reçu en partage le discernement des heures opportunes, ne manque pas de les présenter à nos supplications et à nos hommages au jour où il convient : *Statuto tempore.*

Ainsi, pour nous borner à notre siècle et à notre France, nous avons vu successivement élever sur les autels : une jeune bergère, sainte Germaine de Pibrac, pour ramener les affections et le mouvement vers les campagnes malheureusement trop désertées ; — un mendiant, saint Benoît Labre, pour prêcher à nos sociétés divisées la réconciliation de la misère et de la fortune ; — le grand instituteur des enfants du peuple, le Bienheureux Jean-Baptiste de la Salle, pour protéger contre le poison de l'impiété les classes populaires ; — enfin des religieux, des missionnaires et des martyrs, tels que le Bienheureux Gabriel Perboyre, de l'Institut de Saint-Lazare, et le Bienheureux Pierre-Marie-Louis Chanel, de la

Société de Marie, pour veiller sur les Congrégations en péril, pour opposer l'Evangile aux audaces et aux progrès de l'incrédulité, pour faire briller l'héroïsme du dévouement et du sacrifice au-dessus des abaissements de l'égoïsme et des fanges de la sensualité.

Mais j'ai hâte de quitter ces généralités pour venir à notre héros. Hier, dans un langage vraiment digne de cette chaire et de cet auditoire, votre éminent Vicaire Général vous montra en lui le *Fils de la Vierge Marie.* Je me propose, aujourd'hui, de compléter sa pensée et de vous présenter le Bienheureux Chanel comme une copie conforme du divin Maître. Oui, la Providence dispose tellement les qualités de son cœur et la perfection de sa vie, que tout y rappelle Jésus-Christ, son maître et son modèle. C'est pourquoi je voudrais, en étudiant notre Bienheureux dans les trois périodes successives de sa *préparation*, de son *apostolat* et de son *martyre*, grouper, autant que possible, les traits multiples et divers qui font de sa radieuse physionomie une image frappante du Christ : *Quos prædestinavit conformes fieri imaginis Filii sui.*

I

Ecoutez en premier lieu l'histoire de la *préparation* de Pierre-Louis-Marie Chanel. Vous y verrez que quand Dieu a marqué une âme pour en faire un vase d'élection, rien n'est merveilleux comme son travail sur cette âme, et comme la coopération de cette âme au travail divin.

Le futur martyr de l'Océanie, à qui le Ciel tressait par avance des palmes et une couronne, naquit au moment où la Religion sortait des cendres, à peine éteintes, de la Révolution Française, le 12 juillet 1803, au hameau de Cuet, dans la paroisse de la Potière, qui appartient aujourd'hui au diocèse de Belley. Il fut le cinquième des huit enfants d'une famille modèle.

Ce n'est pas sans dessein que Dieu plaça son berceau en face de la majesté des Alpes. « Les montagnes m'ont toujours paru, disait un jour Monseigneur Mermillod, comme les frontières entre Dieu et l'homme..... Dieu descend pour s'approcher de l'homme et l'homme monte pour s'approcher de Dieu..... » Aussi, je m'explique aisément que Dieu les ait choisies pour l'accomplissement de ses grands desseins et qu'un poète moderne ait pu dire :

« Jéhova de la terre a consacré les cîmes. »

N'y a-t-il pas, dans l'immobilité de leurs masses gigantesques, dans l'éternel silence de leurs sommets, quelque chose qui pénètre l'âme, qui la saisit, qui lui parle, qui la transfigure, qui la rend profondément et invinciblement religieuse ?

Mais il ne suffisait pas à Dieu de frapper les regards et l'imagination de ce jeune prédestiné par l'un des spectacles les plus grandioses de la nature. Il voulut avant tout garder et préparer son cœur.

C'est pourquoi il le plaça sous l'égide d'un père et d'une mère qui étaient deux justes devant Dieu, et qui marchaient, comme autrefois Zacharie et Elisabeth, d'un même pas, fidèlement et sans reproche dans la voie des commandements et des volontés du Seigneur. Sa mère surtout était une chrétienne de forte trempe : *mulier magna* ; digne émule de ces mères héroïques des premiers siècles, elle craignait moins, pour ses enfants, la visite de la mort que celle du péché.

Mais dans cet intérieur, les cœurs seuls étaient d'or ; c'était une famille qui eut le bonheur de ne pas être riche (c'est ainsi que parle l'Evangile), et notre jeune Saint put imiter, dès sa naissance, quelque chose de la pauvreté de Jésus.

Sa première occupation fut d'être berger. Ne l'en plaignez pas, mes Frères. Ce sont des bergers que Dieu aime à choisir pour en faire ses privilégiés et ses élus. Dans l'ancienne loi il en fit des princes et des prophètes ; à sa naissance il les choisit pour ses confidents et ses premiers adorateurs ; au sein de l'Eglise il en a fait parfois de grands pontifes, et Lui-même quand il veut révéler la suavité de son cœur et traduire les bienfaits de son ministère, il ne prend pas d'autre figure : « Je suis le bon pasteur », dit-il.

C'est là, c'est à la garde des troupeaux que Pierre Chanel se fait remarquer par les naïfs élans de sa piété enfantine.

Ses historiens nous racontent que ses amusements favoris étaient de construire des autels, d'imiter les cérémonies de l'Eglise, parfois même d'adresser à ses camarades des exhortations improvisées à l'aide des souvenirs du dernier prône. L'apôtre se trahissait de bonne heure. Ame innocente et candide, sa beauté se réflétait jusque dans son extérieur, où se peignait je ne sais quoi d'angélique, qui faisait qu'on ne pouvait le voir sans l'aimer. N'est-ce pas sous ces traits que l'Evangile nous représente Jésus, le plus beau des enfants des hommes ?

Des genoux de sa mère, Pierre Chanel passa aux mains d'un prêtre qui avait aisément pressenti ce que serait cet enfant. Ce fut sa deuxième école.

Le cœur du prêtre a toutes les délicatesses, toutes les intuitions du cœur de la mère. Il a quelque chose de plus. Formé à l'image du cœur de Dieu, il est « maternellement paternel » selon la belle expression de Lacordaire. Et quand ce prêtre a passé par les épreuves d'une tourmente révolutionnaire, quand il y a conquis les palmes des confesseurs de la Foi, sa mâle et austère vertu le rend plus digne encore de préparer un cœur d'apôtre et de martyr. Ce fut le cas de l'homme de Dieu qui allait accueillir ce jeune Samuel.

Aussi, mes Frères, ce que devint pendant quatre ou cinq ans « cette plante précieuse », transplantée par le Bon Dieu, à l'ombre des presbytères de Cras et de Monsols, seuls les anges du Ciel pourraient nous l'apprendre.

A mesure qu'il grandissait, toute la perfection de Jésus-Enfant semblait se refléter en cet ange de la terre.

« Nous avions une si haute idée de sa vertu, dit un de ses condisciples et de ses amis, que malgré notre étourderie et notre dissipation, jamais, en sa présence, nous n'aurions fait aucune espièglerie. C'était déjà un *saint*. Nous étions bien légers ; les fidèles de Cras en faisaient la remarque, mais ils ajoutaient : « Voyez donc Chanel, comme il est « sage ! »

Obéissant comme Jésus, il répétait souvent, quand ses compagnons le sollicitaient de transgresser un ordre ou une défense : « Dieu nous voit et cela me suffit. »

Le cœur brûlant d'amour comme celui de Jésus, il ne se lassait point d'être à l'Eglise. Son recueillement, plus admirable encore pendant la célébration du Divin Sacrifice, provoqua maintes fois de la part des assistants cette réflexion : « Celui-là, à coup sûr, sera prêtre : il lui convient si bien d'être autour de l'autel ».

Il ne pouvait supporter la moindre irrévérence dans le lieu saint. Un enfant du catéchisme s'amusait un jour, en y entrant, à jeter de l'eau bénite au visage de son voisin. Pierre Chanel s'en aperçut, le saisit par le bras et le reprit de son étourderie. « C'était pour rire, répondit l'enfant. » — Il n'est pas permis de rire, répliqua Chanel, en manquant de respect aux choses saintes. »

L'esprit de foi, dont il était pénétré, se révélait jusque dans la manière dont il faisait un signe de croix, une génuflexion. Jamais il ne passait devant une église sans donner une marque de dévotion, jamais il ne rencontrait un prêtre sans le saluer, une image du Divin Crucifié ou de la Sainte Vierge sans se découvrir. Son bonheur était de sacrifier une partie de ses récréations pour contribuer à la propreté et à la décoration du sanctuaire, et rivalisant de ferveur avec les séraphins, il employait de pieux stratagèmes pour s'approcher le plus près qu'il pouvait de l'autel.

O angélique enfant, il faut que Dieu vous destine à de bien grandes choses, puisqu'il opère en votre cœur, si jeune encore, de si étonnantes merveilles ! De vous comme de Louis de Gonzague, dont vous portez le nom, on peut dire sans crainte que vous êtes un enfant d'une grande beauté et d'une grande espérance : *Puer magnæ speciei et spei !...*

Ne croyez pas, cependant, mes Frères, que le jeune Chanel n'eut aucune lutte à affronter, aucune tentation à vaincre. Un jour, à l'âge de quinze ans, il fut pris soudain par un profond dégoût du travail. Malgré de généreux efforts et d'ardentes prières, il ne pouvait le surmonter. Triste, découragé, il résolut de partir sans rien dire. A peine avait-il franchi le seuil du presbytère, la Providence lui envoya un ange visible ; c'était une sainte âme que la piété de cet adolescent avait souvent édifiée. Le voyant en larmes elle l'interrogea. — « Je m'en vais », lui dit-il, et il lui découvrit les angoisses de son pauvre cœur. « Mais au moins, répliqua l'interlocutrice, avez-vous consulté la Très Sainte Vierge ? » Chanel baissa les yeux et ne répondit rien. « Croyez-moi, mon enfant, reprit-elle avec bonté, allez d'abord à l'église et faites une fervente prière à Marie ». Le jeune homme obéit ; bientôt il sortit tout joyeux ; le Ciel avait remporté la victoire.

Vingt ans plus tard, rappelant cette douloureuse épreuve, le Bienheureux Chanel disait : « Je crois « que le diable s'était logé dans ma pauvre tête. Le « perfide ! peu s'en est fallu qu'il ne m'ait entraîné. « J'étais, sans pouvoir me l'expliquer, dans une « espèce d'agonie qui touchait presque au déses- « poir. Si j'ai recouvré le calme et le courage, je le « dois à ma divine Mère ! »

Aussi redoubla-t-il de ferveur envers Celle qui avait été son refuge et son salut. A partir de ce jour, il ne manquera jamais de réciter son chapelet, et nous le verrons bientôt, aux Petits Séminaires de Meximieux et de Belley, se faire le missionnaire de la Très Sainte Vierge ; il prônera les visites quotidiennes à son autel ; il fera adopter par ses condisciples une pratique qui lui est chère, à savoir, de mettre en tête des livres, des cahiers et des devoirs de classe : « Tout sous les auspices de Marie, Mère de Dieu, *Auspice Dei genitrice Maria* » ; il obtiendra qu'en promenade les plus fervents récitent avec lui l'office de l'*Immaculée-Conception* ; si les entretiens se prolongent, il prendra l'engagement d'y mêler le nom de son auguste Reine ; et un jour où il se sera fait par mégarde une incision à la main gauche, il trempera sa plume dans son sang pour écrire cette résolution : « Aimer la Très Sainte Vierge et la faire aimer. » O noble enfant, prenez, je le veux bien, quelques gouttes de votre sang généreux, pour ressembler à Jésus qui commença à répandre le sien au lendemain de sa naissance ; mais n'en soyez pas prodigue ; car une terre lointaine en a besoin comme d'une précieuse et féconde semence.

Je viens de nommer les Petits Séminaires de Meximieux et de Belley. Il passa quatre ans au premier et un an au second, pour apprendre les sciences humaines, enfin trois ans au Grand Séminaire de Brou, pour apprendre la science de Dieu. Ce fut la troisième étape de sa préparation.

Là, plus encore qu'à l'école presbytérale, il devint la copie vivante de Jésus adolescent. Chacun de ses pas vers la hiérarchie sacrée était marqué par un nouveau cachet de ressemblance avec Celui dont il devait être un jour le Ministre.

Obligé à regret de me borner aux traits les plus caractéristiques et les plus essentiels, je me contenterai de dire que le *mitis et humilis corde* de l'Evangile n'eut point de secret pour lui. La douceur et l'humilité furent la double parure de son cœur.

Par attrait et par goût il aimait à passer inaperçu, à demeurer caché ; il fuyait l'ostentation et les éloges. On aurait pu dire de lui comme de Saint Bernard : « Admiré de tous, seul il ne s'admirait pas lui-même ».

Un jour, les Congréganistes l'élurent Préfet de leur association à l'unanimité des suffrages. Sa modestie s'en offusqua. — « Je croyais, dit-il ingénûment, que ces sortes d'élection se faisaient en conscience. »

Il ne laissait remarquer de ses qualités ou même de sa piété que ce qu'il ne pouvait pas soustraire aux regards les plus vigilants. Il était aussi soigneux à les voiler, que l'orgueilleux peut l'être à voiler ses défauts. Au contraire, il ne perdait jamais une occasion de s'humilier. Personne n'ignorait (tant il se plaisait à le redire), qu'il n'était que le fils d'un paysan, qu'il avait été berger dans son enfance, et que, si la Providence ne s'était pas servie d'un bon curé de campagne pour lui ouvrir les portes du sanctuaire, il n'aurait connu que sa chaumière et son troupeau.

La fleur embaumée de la douceur s'épanouissait sur cette tige de l'humilité. On ne le vit jamais contester avec personne. Au contraire, s'il venait à surgir quelque démêlé parmi ses condisciples, il se hâtait de remplir l'office de pacificateur. Il était même parvenu, à un âge où les saillies de caractère et d'humeur sont si promptes, à se rendre maître des premiers mouvements de son cœur, tellement que dans les circonstances les plus imprévues et les plus contrariantes, il ne laissait échapper aucune parole, aucun signe d'impatience. Un jour, durant une promenade, un jeune élève frappa l'eau bourbeuse d'un ruisseau, la fit jaillir et en couvrir les vêtements et la figure de Chanel. Celui-ci se tournant vers le petit coupable, lui montre un front calme, puis, se prenant à sourire : « Pour te punir, lui dit-il, je devrais t'embrasser. »

Ajoutez à cela cet amour du travail, disons mieux,

ce culte du devoir qui faisait de lui un des élèves les plus accomplis ; — ce respect de la règle qu'il regardait comme l'expression fidèle de la volonté de Dieu ; — cet esprit intérieur qu'il puisait dans le goût de l'oraison et dans un amour toujours croissant pour l'adorable Eucharistie ; — cette fidélité à la grâce, qui lui faisait éviter jusqu'aux moindres imperfections volontaires, et vous aurez un aperçu de la sainteté précoce où Dieu trouva notre lévite, quand il daigna l'élever sur les hauteurs du sacerdoce.

II

Le voilà prêtre ! Il a eu l'ineffable bonheur de monter à l'autel dans cette église de Cras, si riche pour lui de souvenirs que domine celui de sa première communion. « Ce n'était pas un homme à l'autel, c'était un ange », dit celui-là même qui l'assista comme diacre à sa première Messe.

Le voilà prêtre ! La période de la préparation est finie, c'est celle de l'apostolat qui commence. Et cependant ce premier apostolat n'est lui-même, dans la pensée du Ciel, qu'une dernière préparation. Dieu conduit son serviteur, lentement et comme à son insu, vers des destinées qu'il ne peut prévoir.

Déjà, tout enfant, aux presbytères de Cras et de Monsols, il s'était passionné pour la lecture des Lettres édifiantes que publient les annales des Missions étrangères. Vous le savez, mes Frères, la vie des Saints est pleine des conversions opérées ou des vocations déterminées par une bonne lecture. Dans cette circonstance, Dieu s'en servit pour allumer au cœur du futur apôtre le désir de franchir les mers, de se dévouer au salut des infidèles et de verser son sang pour la Foi. C'est une flamme qui ne s'éteindra plus. Nous la retrouverons vivante au Petit Séminaire de Meximieux quand il recevra la confidence de deux condisciples et d'un supérieur animés des mêmes desseins que lui ; — plus vivante encore, quand, une première fois, au lendemain de son sacerdoce ; puis une seconde, à trois ans de distance, ne pouvant plus contenir les ardeurs qui le dévoraient, soupirant après le jour où il lui serait donné de souffrir et de mourir pour son Dieu ; il fit, mais en vain, des instances auprès de l'Evêque de Belley, Monseigneur Devie, d'illustre et sainte mémoire, afin de s'enrôler dans la pacifique armée des Missions étrangères.

O jeune héros, à peine entré dans la milice, que vous m'apparaissez déjà un bon soldat du Christ Jésus : *Bonus miles Christi Jesu !*

Mais patientez et laissez-vous conduire ! Les desseins de Dieu ne sont pas tout à fait les vôtres et votre heure n'est pas encore venue.

Il faut auparavant que vous essayiez vos forces sur votre terre natale et que vous y preniez l'expérience de tous les apostolats. Allez où vous appelle la voix de votre Evêque, qui n'est autre que la voix de Dieu !

« Etre prêtre, a dit un écrivain célèbre, c'est offrir

à Dieu la vie qu'on tient de lui, se mettre pour lui plaire au service des hommes, les aimer comme Dieu les aime ; c'est partager les peines, dissiper les doutes, ranimer les espérances, purifier les âmes, donner de bons conseils, assurer la paix au monde en la rétablissant dans les consciences, faire monter les prières, descendre les bénédictions ; c'est, enfin, garder et communiquer au peuple ces deux grandes choses : la vérité et la vertu ». — Pour tout résumer en un mot, dans la langue si expressive de Saint Paul, être prêtre, c'est être l'homme de Dieu : *homo Dei*, et l'homme de tous : *omnibus omnia factus.*

Vous avez dans ce tableau toute la vie de Pierre Chanel depuis l'aurore de son sacerdoce jusqu'au dernier soupir qu'il rendit sous la hache du bourreau.

Je ne m'attarderai point à le suivre pas à pas dans les multiples et rapides étapes qui précédèrent son apostolat lointain.

Vicaire à Ambérieux, où il fut plutôt montré que donné : *Magis ostensus quam datus,* puisqu'il n'y passa qu'une année ; curé de Crozet, où il ne passa que trois ans, il demeura invariablement fidèle au programme de vie sacerdotale qu'il avait rédigé et signé de concert avec ses frères d'ordination.

Toujours humble, toujours doux, sévère contre les abus, mais tendre pour les pécheurs ; n'ayant de prédilection que pour les pauvres et les malheureux, charitable jusqu'à vider son vestiaire et se dépouiller parfois du strict nécessaire ; dévoré, comme autrefois Népotien, du zèle de la maison de Dieu ; zélé avant tout pour la sanctification de son âme, à tel point qu'au dire de ses paroissiens, il avait *toutes les qualités qui font les saints*, et que même aujourd'hui, après qu'il a disparu depuis plus d'un demi-siècle, dans toute la région d'Ambérieux et de Crozet, quand on veut désigner un prêtre exemplaire à tous égards, on se contente de dire : « C'est un Chanel ! » Voilà ce que fut ce grand serviteur de Dieu dans les premiers essais de son apostolat.

Et maintenant, ô vaillant soldat du Christ, l'heure de la Providence approche. Rompez avec vos débuts ; obéissez à la voix intérieure qui vous presse, faites avec confiance une nouvelle tentative auprès du Saint Pontife qui vous gouverne et ne craignez pas. Dieu qui guide vos pas, inclinera son cœur ; vous serez exaucé !.....

Ici, mes Frères, souffrez que je me détourne un instant pour contempler et saluer dans un sentiment d'admiration, de reconnaissance et d'amour une Société qui prend naissance à l'ombre du sanctuaire de Notre-Dame de Fourvières, à Lyon, et qui reçoit, à son baptême, le nom prédestiné de *Société de Marie.* Petite comme un grain de sénevé, elle se cache plutôt qu'elle ne se montre, tant elle est humble ; mais semblable à la violette, elle se trahit par son parfum. Laissez-la croître et se multiplier sous la bénédiction de Dieu, bientôt ce sera un grand arbre ; la terre de France ne suffira plus à sa merveilleuse expansion ; elle étendra ses rameaux par delà les mers, jusque dans la libre Amérique et dans les archipels de l'Océanie ; elle y opèrera des prodiges, et elle pourra chanter comme sa divine Mère et Souveraine : « Le Seigneur a regardé l'humilité de sa servante : *Respexit humilitatem ancillæ suæ;* il a fait en moi de grandes choses : *Fecit mihi magna qui potens est*, et voici que les générations m'appelleront bienheureuse : *Beatam me dicent omnes generationes.* »

Pierre Chanel se sentit invinciblement attiré vers cette Société naissante, dont le titre souriait à son cœur et dont la dévotion répondait aux plus intimes aspirations de son âme. L'Evêque de Belley se rendit à ses désirs. Il se hâta donc de distribuer aux familles indigentes tout ce qui ne lui était pas rigoureusement nécessaire et partit.

La Société de Marie n'avait pas encore envoyé de colonie dans les pays infidèles. Pierre Chanel avait donc renoncé à l'Apostolat des missions étrangères ; après ses deux tentatives infructueuses, il avait estimé dans son humilité, que son âme n'était ni assez généreuse, ni assez fortement trempée pour de semblables périls. Mais, je l'ai dit, Dieu le conduisait à son insu et comme par la main au pays de ses rêves, c'est-à-dire au pays des martyrs. Et s'il se plaisait à déconcerter tous ses plans, c'était sans doute pour que son intervention providentielle se dégageât plus manifestement de toute action humaine.

En attendant, le voilà qui entretient, développe et accroît la flamme de son zèle dans un nouveau genre d'apostolat. Le voilà professeur, puis, un an après, directeur spirituel ; puis, deux ans après, supérieur du Petit Séminaire de Belley. Il faut qu'aucun genre de ministère ne lui reste étranger, afin qu'aucune expérience ne lui manque dans la mission où Dieu va bientôt l'appeler et que plus tard aucun fleuron ne fasse défaut à sa couronne.

Sur ces entrefaites, la divine Providence lui ménagea, comme suprême préparation, un bonheur inespéré. C'était en 1833 ; la Société de Marie comptait dix-sept années d'existence. Son saint fondateur pensa que le moment était venu d'appeler sur elle l'approbation du Chef infaillible de l'Eglise et qu'un voyage à Rome était nécessaire. Or, il fit choix du Père Chanel pour l'accompagner.

Le Père Chanel visita Rome avec la foi d'un prêtre, le cœur d'un saint et l'enthousiasme d'un futur martyr. Il admira les merveilles de l'art ; mais elles étaient à ses yeux chose secondaire. Rome lui apparut surtout comme un *temple* et *un reliquaire.* « Une retraite qu'on ferait ici, disait-il, n'aurait besoin ni de livres, ni de prédicateur ; chaque pas évoque un religieux souvenir ; on respire un parfum de foi et de piété, l'air est comme imprégné du sang des martyrs. » — « Une autre raison qui me fait encore aimer Rome, ajoutait-il, c'est le parfum de dévotion envers Marie qu'on y respire à chaque pas. »

Et maintenant, ô illustre pèlerin de la Sainte Cité, vous pouvez en paix regagner votre solitude pour y attendre l'appel de Dieu. Vous avez recueilli, sous la bénédiction du Vicaire de Jésus-Christ, la grâce qui fait les obéissants ; vous avez puisé au tombeau des Saints Apôtres la force qui fait les héros et les martyrs. Dieu vous réservait cette faveur suprême afin de vous armer pour de nouveaux combats. La période des préparations est finie ; vous êtes prêt, vous êtes deux fois prêt : *Paratum cor meum, Deus, paratum cor meum.* C'est l'heure de l'action ; entrez dans un nouvel apostolat, le véritable celui-là, l'apostolat de vos rêves, et montrez une fois de plus comment vous savez être jusqu'au bout un bon soldat du Christ Jésus : *Bonus miles Christi Jesu.*

III

C'était au mois de mai 1836. Le serviteur de Dieu avait trente-trois ans, l'âge parfait, l'âge où Notre Seigneur mit fin aux travaux de son apostolat pour entrer dans la carrière de sa vie souffrante.

Le Saint-Siège venait d'approuver la Société de Marie et de lui confier les Missions de l'Océanie Occidentale. Ce fut un grand jour pour le Père Chanel. « Ah ! la bonne nouvelle que j'ai à vous donner ! écrit-il à un de ses amis, j'ai manifesté mes vieux désirs, et mon cœur ne cesse de battre de joie depuis que mon nom est inscrit pour le premier envoi de Missionnaires ».

Son cœur, en effet, était devenu une fournaise

ardente où brûlait, non plus seulement l'amour, mais la passion des âmes.

Il est impatient de monter à bord du navire qui doit le transporter vers ces rivages inconnus. Rien ne l'effraye, ni les fatigues, ni les privations, ni les périls qui l'attendent. « J'ai fait à Dieu, dit-il, le sacrifice de ma vie. Une seule chose m'épouvante, c'est d'être si indigne de la vocation apostolique. J'ai un si grand besoin de l'assistance de Dieu et de la Sainte Vierge que je *quête* partout des prières ».

Une dernière visite au foyer de la famille, aux lieux témoins de son enfance et dans les paroisses qu'il avait évangélisées, précéda son départ. Il ne voulut pas épargner à son cœur les mérites attachés aux déchirements d'une telle séparation. Quand il prit congé de Monseignenr l'Evêque de Belley et qu'il s'inclina sous sa paternelle bénédiction : « Mon enfant, lui dit le prélat, les yeux baignés de larmes, vous allez donc nous quitter ! C'est le premier chagrin qui me vient de vous ! et cependant je dois m'en réjouir, puisque vous obéissez, je n'en puis douter, à la volonté de Dieu ! ». — Quant à lui, plus fort que toutes ses douleurs et visiblement soutenu par un prodige de la grâce, il ne sait que répéter : « Je ne suis ému que par le bonheur de ma vocation et l'espoir du martyre ! »

Il partit enfin, n'emportant pour tout trésor que le Bréviaire d'une main et le Crucifix de l'autre.

C'était le 24 Décembre 1836. Sept autres missionnaires, quatre prêtres et trois frères catéchistes, qui devaient se disperser dans diverses îles du même archipel, s'embarquèrent au Hâvre avec lui. Hélas ! tous n'arrivèrent point au port ; l'un d'eux succomba sur le navire aux atteintes d'une fièvre ardente ; il plut à Dieu de le couronner avant le combat.... Mais la divine Miséricorde qui excelle à tirer le bien du mal, permit qu'un événement si triste fût le signal de la conversion de l'équipage tout entier.

La traversée fut longue et même périlleuse. Dès les premiers jours, une tempête se leva soudain et s'acharna contre eux avec une rage d'enfer. Ce ne fut toutefois que pour faire éclater la protection divine ; car le navire avait bravé la violence des vagues courroucées avec un gouvernail plus qu'à moitié brisé !.... La prière des missionnaires triompha de la fureur des flots et l'Océan docile s'inclina sous les pieds de ses Saints : *Pedibus sanctorum substratus Oceanus.*

Une seconde fois cependant, au moment où ils touchaient au port, ils furent aux prises avec l'horreur d'une tempête plus terrible que la première. Les démons, à qui Dieu a laissé, disent les théologiens, le pouvoir de bouleverser les airs, livraient sans doute leurs derniers assauts contre les apôtres qui allaient renverser leur empire. A deux reprises tout sembla perdu ; le navire, entraîné vers les récifs, par la violence des courants, allait fatalement sombrer ; mais Dieu veillait sur lui, car il portait les ouvriers de l'Evangile, et un coup de vent favorable le mit à l'abri des écueils : « O Providence ! s'écria le capitaine à genoux, depuis que je sillonne les mers, j'ai couru de grands dangers, mais je n'ai jamais été si près de la mort ! »

C'est au commencement de Novembre 1837 que notre Bienheureux aborda à l'île de Futuna avec un frère catéchiste. Son premier soin fut de la consacrer à la Très Sainte Vierge ; en signe de cette consécration, il suspendit à un arbre du rivage *la médaille miraculeuse* et la première messe qu'il y célébra fut celle de l'*Immaculée Conception.*

Quatre grands obstacles vinrent paralyser son zèle pour la conversion de cet île peuplée de païens et d'anthropophages : — en premier lieu la langue qu'il ne connaissait pas et qu'il ne pouvait apprendre que par voie d'observation, au prix de mille lenteurs et de difficultés presque insurmontables ; — secondement, la surperstition des habitants que retenait la crainte de leurs « méchants dieux », car ils croyaient à des divinités malfaisantes dont les occupations favorites étaient de les persécuter par la maladie, les fléaux et la mort : « Si nous nous faisions chrétiens, disaient-ils, nos méchants dieux nous mangeraient de colère ». — Le troisième obstacle venait de l'opposition des vieillards, obstinés dans leurs rites, des chefs qui auraient craint, en abandonnant leur culte, de voir disparaître leur prestige basé sur cette croyance générale qu'en eux habitaient des dieux plus puissants, et surtout du roi, qui pour se donner une autorité sans réplique, avait toujours entretenu cette erreur que le dieu qui résidait en lui était le plus redoutable de tous. — Enfin, un quatrième obstacle venait des guerres meurtrières et incessantes que se livraient, pour la moindre provocation ou la moindre querelle, les deux petits royaumes ; il serait plus juste de dire les deux partis qui se partageaient l'île : le parti des vainqueurs et celui des vaincus.

D'après ce simple aperçu, il est aisé de comprendre combien elle fut ingrate, dès les débuts, la moisson de notre missionnaire. Il sema beaucoup dans les larmes, hélas ! et ne récolta que bien peu. Après dix-huit mois de séjour dans l'île, il n'avait encore fait que vingt baptêmes dont trois d'adultes, tout le reste d'enfants, et encore étaient-ils tous en danger de mort.

Il est facile également de deviner ce qu'il eut à souffrir, je ne dis pas de privations et de fatigues (il ne les comptait pour rien), mais d'amères tristesses et de découragements profonds. Cependant, au plus fort de ses insuccès, il écrivait : « Dieu connaît ceux qui sont à lui et les fait surabonder de joie au milieu de leurs tribulations. »

Dès son arrivée, néanmoins, il avait joui des faveurs de Niuliki, roi des vainqueurs, qui l'avait fait grand *tapou*, c'est-à-dire sacré et inviolable. Il lui avait offert l'hospitalité dans son palais et lui avait permis un peu plus tard de construire une case en bambous, qui, toute simple qu'elle était, devint la merveille de toute l'île. N'allez pas croire, toutefois, qu'elle fût luxueuse ; plus modeste même que la maison de Nazareth, celle de l'apôtre de

Futuna n'avait qu'un autel en bois brut pour le divin Sacrifice, des cailloux pour parquet, un tronc d'arbre pour oreiller, quelques instruments d'agriculture et entr'autres la hâche qui devait être l'instrument de son martyre.

Mais les faveurs du roi Niuliki, peut-être plus intéressées que réelles, ne furent pas de longue durée. Elles ne tardèrent pas à se changer en défiance et finalement en hostilité.

La conversion de l'île dépendait de la sienne ; c'était dans ce but que l'homme de Dieu multipliait les efforts de son zèle et les ardeurs de sa prière ; mais un jour le roi lui fit savoir qu'il ne voulait ni se faire chrétien, ni permettre que d'autres le devinssent. C'en eût été assez pour déconcerter un courage ordinaire. Le Bienheureux Chanel accueillit cette nouvelle épreuve comme le savent faire les Saints ; il se contenta d'écrire sur son journal : « Dieu est le Maître souverain des cœurs ; il en a converti de plus obstinés ; » et il continua sans trêve ni relâche les labeurs de son apostolat, instruisant les néophytes qui formaient déjà comme la semence d'une petite chrétienté ; baptisant un grand nombre d'enfants en danger de mort, parfois même quelques adultes, et peuplant ainsi le Ciel d'anges et de protecteurs qui l'aideraient à régénérer cette terre inhospitalière.

Sa douceur et sa charité, surtout envers les pauvres malades, lui conciliaient toutes les sympathies, si bien que dans l'île entière on le désignait par ces mots « l'homme à l'excellent cœur », et lui-même écrivait un jour sur son journal : « Je suis en bonne voie de réputation pour guérir les plaies. » C'est ainsi qu'il ne négligeait rien pour amener la conversion de l'île.

Cependant le roi et les principaux chefs qui avaient, je l'ai dit, tout intérêt à maintenir l'ancien culte, ne dissimulaient plus leur mécontentement. Un certain nombre d'insulaires, surtout de vieillards, obéissant aux inspirations de Niuliki, s'en allaient partout, semant ce cri de haine et de mort : « Il faut que cette religion disparaisse !... — Que personne ne l'embrasse !... — Ce que fait cet *homme blanc* tend à la destruction du royaume ; c'est le principe du mal !... — Ceux qui se rendent auprès de lui, qu'on les frappe !... »

C'étaient les signes précurseurs de la persécution...

Quant au Bienheureux, toujours égal à lui-même, il gardait sa tranquillité d'âme, et, voyant que l'enfer se déchaînait contre l'œuvre de Dieu, il se contentait de prier. « N'importe, que l'on me tue ou non, disait-il, la Religion est plantée dans l'île ; elle ne s'y perdra point par ma mort, car elle n'est point l'ouvrage des hommes ; mais elle vient de Dieu. »

A cette heure critique, le Ciel lui ménagea une suprême consolation qui devait être en même temps la cause de son suprême sacrifice et devenir comme le dernier fleuron de sa couronne d'apôtre.

Il eut la joie de convertir le fils aîné du roi Niuliki,

La nouvelle de cette conversion ne tarda pas à se répandre dans l'île, et elle y fut le signal d'un grand nombre d'autres, qui n'attendaient que cet exemple pour le suivre.

Mais quand le roi vint à l'apprendre, il ne mit plus de bornes à sa fureur. Dès lors, il fut résolu, dans sa famille et son Conseil, que l'homme de Dieu serait mis à mort et que le pays redeviendrait tranquille.

Les principaux chefs se réunirent donc et se concertèrent dans le plus grand secret, afin de ne pas donner l'éveil aux catéchumènes. Ils résolurent d'inflig er à ceux-ci un châtiment exemplaire, puis d'aller droit à l'homme de Dieu pour le massacrer.

C'était le 28 Avril 1841, date à jamais mémorable dans les fastes de l'Eglise d'Océanie et dans les Annales de la Société de Marie. A la pointe du jour quelques-uns des principaux chefs se dirigent d'abord vers la maison des catéchumènes, qu'ils frappent violemment. En tenant l'un d'eux par les bras pour le mieux faire maltraiter (détail qu'il est utile de noter, on le verra plus tard), le premier chef, Musumusu, reçoit par hasard, un coup qui le blesse au visage et fait couler son sang. Puis, ayant mis le feu à la maison des catéchumènes, les meurtriers se précipitent vers la demeure du Missionnaire. Celui-ci, selon son habitude, avait de grand matin célébré les Saints Mystères, hélas ! pour la dernière fois.

C'est ici, mes Frères, que va commencer le grand combat de ce jeune héros.

O Vierge Marie, vous qu'il aima d'un si tendre amour, venez assister à ce spectacle ! Venez, Anges du Paradis, et vous tous qu'il introduisit dans les demeures éternelles, venez contempler ce généreux athlète !....

Mais tandis que j'invite le Ciel à descendre, voici que les démons de l'enfer sortent de leurs abîmes pour souffler la rage aux bourreaux.

La scène qui va s'offrir à nos yeux me rappelle quelque chose de celle du jardin des oliviers. C'est également dans un jardin que les meurtriers trouvèrent le serviteur de Dieu. Dès qu'il les aperçut : « Que demandez-vous ? » leur dit-il. — « Je suis venu, répond le premier d'entr'eux, Musumusu, demander un peu de votre eau pour guérir la blessure que j'ai reçue au visage ». — « Comment avez-vous été blessé ? » — « En abattant des cocos. » — Le perfide ! l'infâme ! Comme Judas il ment pour mieux le trahir ! Et pendant que l'apôtre se dirige vers sa case pour prendre le remède demandé, la tourbe se précipite à sa suite : « Pourquoi tarde-t-on de tuer cet homme, » s'écrie Musumusu. Alors un premier assassin s'approche, le saisit, le pousse avec violence, en disant : « Frappez cet homme ! » A ce signal donné, un autre meurtrier s'avance, brandit son casse-tête et frappe. La victime lève le bras droit pour parer le coup ; le bras fracassé retombe ; une seconde fois le même bourreau s'avance et frappe ; le casse-tête atteint la tempe gauche et le sang jaillit avec abondance. A ce moment, l'héroïque martyr se contente de répéter plusieurs fois ces deux mots : « Très bien, très bien ! » Pas d'autre cri, pas d'autre plainte, pas un soupir, pas une larme; il conservera jusqu'au bout son égalité d'âme et il mourra comme un agneau, à l'exemple de son divin Maître.

Un troisième bourreau, armé d'une lance surmontée d'une baïonnette, s'avance et frappe ; le coup porte sur l'aisselle du bras droit ; le bout de la baïonnette glisse sous le bras ; ainsi le patient n'est pas transpercé ; mais ce choc violent le terrasse... Un quatrième bourreau s'avance, armé d'un bâton que lui a prêté tout à l'heure le serviteur de Dieu et frappe !...

Cependant le héros vit encore ; il gît à terre, les épaules adossées à quelques bambous, baissant la tête, essuyant le sang qui inonde son visage.

On l'abandonne en cet état quelques instants pour ne penser qu'au pillage de sa demeure.

Au même moment surviennent deux catéchumènes qui veulent le défendre. Il les regarde avec bonté et il se contente de leur dire : « Laissez-moi, que je reste ici, la mort est un bien pour moi », et ils sont obligés de s'enfuir devant les menaces de cette troupe en fureur. Cependant, Musumusu, impatient d'assouvir sa haine, ne cesse de répéter : « Que quelqu'un vienne donc tuer le prêtre ! » Et voyant qu'aucun des bourreaux ne se détourne, car ils sont encore plus avides de vol que de sang ; à son tour il s'élance ; il prend à terre la hache du serviteur de Dieu ; il lui assène un grand coup sur le haut de la tête, l'instrument s'enfonce dans toute sa dimension et partage en deux le crâne du martyr, qui rend aussitôt sa belle âme à son Créateur.

Tel est le grand combat de Pierre-Louis-Marie Chanel, c'est ainsi qu'il achève de mériter le glorieux titre de bon soldat du Christ Jésus : *Bonus miles Christi Jesu.*

Et pour que sa mort ait un nouveau cachet de ressemblance avec celle de son Maître, voici que le Ciel s'ébranle, s'obscurcit, quoiqu'il soit sans nuages ; et l'on entend un formidable coup de tonnerre, si bien que ce prodige plonge les habitants de l'île entière, les bourreaux eux-mêmes, dans la consternation et l'épouvante. Ce sont sans doute les rugissements des démons vaincus qui rentrent dans leurs abîmes ; mais leur horrible fracas est couvert par les applaudissements des Cieux. Levez les yeux et prêtez l'oreille. Entendez la brillante armée des martyrs : « Ouvrez-vous, ouvrez-vous, portes éternelles : *Attollite portas, principes, vestras et elevamini portæ æternales.* Livrez passage au nouveau roi de gloire : *Et introibit rex gloriæ.....* O noble frère, tu as vaillamment combattu, viens recevoir la couronne de justice ; entre dans la joie de ton Dieu : *Intra in gaudium Domini tui.* Du haut de ton trône, tu contempleras avec délices tes bourreaux repentants et ton île convertie. Ce que les labeurs de ton apostolat avaient commencé, l'héroïsme de ton immolation le consomme, et il sera vrai de dire une fois de plus que le sang des martyrs est une semence de chrétiens : *Sanguis martyrum semen christianorum* ».

Ne m'accusez pas, mes Frères, si je me suis attardé dans cette longue et émouvante histoire ; n'est-ce pas la faute de mon héros, plutôt que la mienne ?.....

Et maintenant, que puis-je ajouter encore ? Un seul mot, pour faire écho à la voix du sang de notre glorieux martyr, car son sang nous parle : *Vox sanguinis clamat.*

Il crie, non pas vengeance, comme le sang d'Abel, mais amour et pardon, comme le sang du Christ !

A la terre cruelle qui l'a bu, il crie : « Miséricorde ! que le règne du Christ s'y étende, s'y affermisse et s'y perpétue !..... »

A l'Eglise, qui vient de l'honorer par l'organe de son immortel Pontife, ce sang crie : « Courage et confiance !... Que peuvent les assauts de l'enfer conjuré, quand le ciel multiplie ses protecteurs !... Ah ! quand un héros tombe l'Evangile à la main, il peut être une victime, il n'est jamais un vaincu ! »

Il crie à sa terre natale : « Réjouis-toi, bien-aimé diocèse, non, tu n'es pas la moins favorisée entre toutes les terres de Juda, puisque, dans une même période, tu as vu s'élever de ton sein deux rejetons qui seront ton éternelle gloire, celui qui fut le saint Curé d'Ars et celui qui s'appellera désormais le premier Martyr de l'Océanie !... »

Le sang du martyr crie à cette Société de Marie,

qui fut sa famille d'adoption : « Sois saintement fière, car tu es la mère d'un héros, et espère, car en mettant à son front l'auréole des Bienheureux, le Vicaire de Jésus-Christ affirme ta puissance et consacre ta vitalité ! »

A la France, sa patrie, ce sang crie : « Souviens-toi ! Oui, souviens-toi de ta vocation première, et garde-toi bien d'apostasier jamais la foi de ton baptême ! »

A nous tous enfin, qui que nous soyons, ce sang nous crie d'être, nous aussi, de bons soldats du Christ Jésus, de penser à notre éternité, d'acheter le Paradis par notre martyre de tous les jours, de savoir nous dévouer, souffrir et, au besoin, mourir pour l'amour de Celui qui a tant souffert et qui est mort pour nous. Ainsi soit-il !

TABLE DES MATIÈRES

1290. — *Imp. René Prudhomme.*

www.ingramcontent.com/pod-product-compliance
Ingram Content Group UK Ltd.
Pitfield, Milton Keynes, MK11 3LW, UK
UKHW020309180726
13839UKWH00001B/414

9 782329 528984